의학·생명계열

진로
로드맵

AI와 공존하는 의사, 생명공학자

의학·생명계열 진로 로드맵

펴낸날 2020년 3월 10일 1판 1쇄
2020년 6월 10일 1판 2쇄
2021년 6월 20일 1판 3쇄

지은이 정유희, 안계정, 김채화
펴낸이 김영선
교정·교열 이교숙
경영지원 최은정
디자인 박유진·현애정
마케팅 신용천

펴낸곳 (주)다빈치하우스-미디어숲
주소 경기도 고양시 일산서구 고양대로632번길 60, 207호
전화 (02) 323-7234
팩스 (02) 323-0253
홈페이지 www.mfbook.co.kr
이메일 dhhard@naver.com (원고투고)
출판등록번호 제 2-2767호

값 16,800원
ISBN 979-11-5874-065-8 (43370)

이 도서의 국립중앙도서관 출판예정도서목록(CIP)은 서지정보유통지원시스템 홈페이지(http : //seoji.nl.go.kr)와 국가자료공동목
록시스템(http : //www.nl.go.kr/kolisnet)에서 이용하실 수 있습니다.(CIP제어번호 : CIP2020002693)

AI와 공존하는 의사, 생명공학자

의학·생명계열

진로
로드맵

정유희·안계정·김채화 지음

미디어숲

추천사

계열별 진로 로드맵 시리즈 집필진의 학구열은 상상을 초월한다. 이들의 실험정신이 진로진학상담에 강력한 도구 하나를 선물할 것으로 확신한다. 다음에 나올 책들이 더욱 기대되는 이유이기도 하다.

조훈, 서정대학교 교수

4차 산업혁명이 일상이 되어버린 요즘, 좀 더 세밀한 진로 로드맵이 필요한 시기가 되었음을 부인할 수 없다. 이러한 시대의 요구를 적극 수용한 〈진로 로드맵 시리즈〉를 통해 학생뿐만 아니라 학부모, 교사들도 세부적인 진로에 대해 많은 도움을 받을 수 있을 것이다.

김두용, 대구 영남고 교사

현장에서 많은 학생들을 만나보면 진로를 결정하지 못해 고민하는 친구들을 많다. 특히 진로가 결정되어 있더라도 그 학과에서 어떤 일을 하는지, 미래 비전을 모른 채 꿈을 향해 공부만 하는 친구들을 볼 수 있다. 그런 친구들에게 이 책은 미래 직업에 대한 방향성을 제시하여 현재 위치에서 어떤 활동을 준비해야 하는지 구체적으로 설명해준다. 미래 진로 설계가 필요한 학생들에게 적극 추천한다.

김성태, 연세대학교 인지과학연구소 연구원 / 에이블 에듀케이션 대표

학교 현장에서 학생들과 상담을 하면서 꿈이 없는 아이를 만날 때가 참 많다. 꿈이 없는 아이들은 대개 자존감이 낮고 학습에 대한 의욕이 없어 학교에 다니는 것을 무엇보다 힘들어한다. 요즘 나오는 진로 관련 책들은 종류도 많고 내용도 다양하지만, 학생들의 마음에 쏙 들어오는 책을 만나기는 어려운 거 같다. 그래서 이 책의 출판이 참 반갑고 감사하다. 자세한 계열별 특징과 그 분야의 준비를 일목요연하게 딱딱 짚어준다. 이 책을 읽은 학생들이 자신만의 꿈을 키우고 만들어갈 세상이 참으로 궁금하다.

김도영, 경북 봉화중 교사

학생들은 항상 미래에 뭐가 되고 싶은지, 어떤 직업을 가지고 싶은지 고민도 많고 관심도 많다. 하지만 내가 원하는 분야가 구체적으로 어떤 업무를 하고 어떻게 준비를 하면 되는지, 그 직업이 앞으로 비전은 있는지 잘 알 수가 없다. 이 책은 계열별 특성들을 미리 알고 자신의 적성과 하고 싶은 분야에 잘 맞는 과인지, 아직 진로가 결정되어 있지 않은 학생들에게 다양한 경험을 할 수 있는 보물창고 같은 책이 될 것이다.

이교인, 진주 동명중 교사

열심은 미덕이지만 최선은 아니다. 열심히 하지만 좋은 성과를 내지 못하는 학생들이 많은 것을 보면 안타깝다. 먼저 진로의 방향을 정하고 선배들의 로드맵도 참조해 자신만의 길을 정하는 것이 무엇보다 중요하다. 이 책은 진로가 결정된 학생들에게는 어떻게 탐구해야 하는지, 진로가 결정되지 않은 친구들에게는 다양한 진로를 탐색하는 방법을 알려준다. '어떻게'라는 질문에 '답'을 줄 수 있는 지침서가 될 것이다.

김정학, 초중등공신공부법 메타코칭 개발자 / 업코칭에듀케이션즈 대표

프롤로그

'의사는 단순히 환자들의 병을 고치는 직업인가?
의사가 되기 위해서는 어떤 로드맵이 필요한지 알아보자!

'100세 시대'라는 말을 처음 들었을 때, 사람들은 설마라는 단어를 먼저 떠올렸다. 하지만 지금 태어나는 아기들은 '150세' 시대를 살 것이라는 연구 결과가 나오고 있다. 생명과 건강에 대한 연구들이 계속되고 있고, 이와 관련된 직업들에도 관심이 높아지고 있다. 하지만 그에 비해 우리가 생각하는 직업들은 의사, 간호사, 생명과학 연구원 등 큰 틀에서 벗어나지 못하고 있다. 물론 처음에는 의학계열, 생명계열 등에서 시작하는 것이 맞지만, 진로가 결정된 뒤에는 구체적인 연구 분야나 활동 분야 그리고 그 진로가 가지는 비전에 대해 생각할 필요가 있다.

현장에서 상담을 진행해보면 상당수의 학생들이 진로 로드맵을 어떻게 짜야 하는지 고민도 많고 어려워하는 것을 볼 수 있다. 진로가 결정되어 있는 학생들에게는 구체적인 활동이나 정보가 제공되어야 하고, 아직 진로에 대한 확신이 없는 친구들에게는 다양한 직업세계를 경험할 수 있는 기회를 제공할 필요가 있다. 이 책을 그런 친구들에게 도움이 되고자 집필되었다.

막연히 의사를 꿈꾸는 것이 아니라 '내가 알고 있는 의사는 어떻게 발전되어 갈 것인가?', '의사는 단순히 환자들의 병을 고치는 직업인가?', '의사가 되기 위해서는 어떤 로드맵이 필요할까?' 등을 학생들과 같이 고민해보았다. 진로에 대한 고민을 해본 학생들은 자신이 가고자 했던 길로 잘 걸어가는 모습들을 볼 수 있다.

하지만 많은 학생들이 자신이 원하는 전공과 직업을 선택하고자 고등학교 때부터 준비를 하는 경향이 있는데, 현명한 진로, 진학 설계를 하기 위해서는 초·중등 때 어떤 진로탐색을 하고 있는지에 따라 로드맵은 달라진다.

현재 특수목적고나 자율형 사립고를 진학하는 학생들은 중학교 때부터 다양한 활동을 통해 생활기록부를 관리하지만 보통의 학생들은 중학생활을 그냥 흘려 보내는 편이다. 그러다가 고등학교에 진학을 하게 되면 어떤 활동을 해야 할지 모르고 수시원서를 쓰는 학생들이 많다. 이런 학생들이 대학에서 원하는 역량들을 어느 정도 준비할 수 있을까? 대학에서는 학업 역량도 중요하지만, 전공에 대한 이해도와 관심을 바탕으로 자신의 진로를 스스로 결정하기를 원한다. 그러다 보니 중·고등학교 때부터 다양한 진로 활동들을 원하고 있다.

이 책은 초·중·고등학생 모두가 관심을 가지고 있는 선배들의 합격 로드맵으로 시작한다. 똑같은 활동을 하더라도 의사가 되고 싶은 친구, 보건 행정학자가 되고 싶은 친구, 동물 생명학을 전공하고 싶은 친구들의 다양성을 볼 수 있다. 나만의 스토리를 만들 수 있는 멘토 같은 책이다. 다양한 활동을 위해 대학과 학과의 소개 및 참고 동영상, 추천도서 등이 제공된다.

어쩌면 이 책은 진로에 대한 고민을 하고 있는 친구들에게 더 어울릴지도 모른다. 책을 보면서 이 활동은 '이렇게 할 수 있겠다!', '이 동영상이 재미있네.', '이런 직업도 있구나!'라고 느끼면서 꿈을 찾아 갈 수 있을 것이다.

이 책은 다양한 직업의 세계에서 학생들이 가장 많은 관심을 보이는 계열별 직업과, 앞으로 유망한 계열별 진로 로드맵을 다음의 5가지 분야로 나누어 집필하고자 한다.

- 공학계열 진로 로드맵(로봇과 공존하는 기술자)
- 의학·생명계열 진로 로드맵(AI의사와 공존하는 의사, 생명공학자)
- 빅데이터경영·사회계열 진로 로드맵(빅데이터로 조망하는 경영컨설턴트)
- AI언어·문화미디어계열 진로 로드맵(VR를 활용한 1인 방송제작자)
- 교대·사대계열 진로 로드맵(AI교사와 함께 교육하는 교사)

위 5가지 계열별 적성 중 자신이 어디에 해당하는지 알아보고, 구체적으로 어떤 준비를 해야 하는지 그 해법을 제시할 뿐만 아니라, 계열별 적성 실현을 위한 초·중·고 진학 설계방법과 미래 직업을 탐색할 수 있도록 구성했다. 더불어 자신이 가고자 하는 진로의 방향에 맞는 활동으로 원하는 대학과 학과에 합격한 선배들의 실전 합격 로드맵을 제시하여 진로설계에 도움을 주고자 집필되었다.

독자의 꿈을 향해 나아가는 순간순간에 이 책이 지혜로운 조력자가 되어주길 희망한다.

정유희, 안계정, 김채화

차례

PART 1 의학 · 생명계열 학생부 사용설명서

PART 2 의학계열 진로 사용설명서

PART 3 간호·보건계열 진로 사용설명서

약학 · 제약계열
진로 사용설명서

PART
4

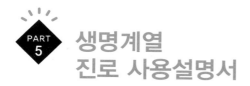

PART 5 생명계열 진로 사용설명서

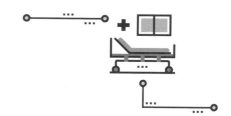

PART
1

의학 · 생명계열
학생부 사용설명서

내 진로를 위한
고등학생 때부터 준비할 것들

　　고대에서부터 '사람은 죽는다'라는 불변의 명제를 거스르기 위해 인류는 많은 시도를 해왔다. 영원히 살 수는 없다는 것에 생명을 연장하고자 하는 연구는 지속적으로 이어져 20세기 페니실린의 발견, 생명과학, 유전공학의 비약적인 발전으로 인류는 평균수명이 획기적으로 늘어 이제 100세 시대를 바라보게 되었다.

　　이러한 과학기술의 발달은 라이프 패턴의 변화와 함께 우리에게 '건강', '노화', '불치 및 난치 병 정복'에 대한 관심을 고취시켰고 이에 대한 해답을 생명과학 기술에 기대하고 있다. 또한 개인의 건강 유지를 위한 의료서비스 시장의 확대가 두드러지고 있으며, 100세 시대, 초고령화, 4차 산업기술의 발전과 맞물려 의생명 분야에 대한 관심이 고조되고 있는 만큼, 의생명계열 '진로'를 위한 로드맵을 탐색해보자.

어떤 성향이 의생명 계열에 잘 맞을까?

　　의생명계열은 의학(치·한의예 포함), 수의학, 간호학, 보건, 생명제약, 농생명을 포괄하여 그 범위가 광범위하다. 의학·생명계열의 대학 진학 시 무엇보다도 뛰어난 학업성취도가 중요하다. 복잡하고 섬세한 구조가 우리의 인체와 살아있는 모든 것을 연구해 모든 생명체의 본질을 파악하여 인류의 번영에 기여하는 이

계열의 특성상 생물, 화학, 물리 등 기초과학에 대한 넓고 깊은 이해가 필요하다. 따라서 심화학습을 바탕으로 과학적 탐구활동을 꾸준히 하면 좋다. 그리고 어떠한 현상에 대해 관찰하고 분석하는 것을 즐기고 창의력과 사고력을 함양할 필요가 있다. 의대, 수의대, 생명공학 연구직의 경우 학업과 연구에 장시간이 소요되는 만큼 체력, 인내심, 끈기, 자기통제력을 갖추고 있으면 유리할 것이다.

계열의 특성상 혼자 일하는 경우보다 많은 사람들을 상대하기에 원활한 의사소통능력과 사교성을 가지고 있어야 하며, 생명을 다뤄야 하는 긴장이 따르므로 과도한 스트레스로부터 자기관리를 할 수 있는 능력도 필요하다. 무엇보다도 생명을 중시하고, 약자를 배려할 줄 아는 높은 수준의 윤리성 및 도덕성과 봉사정신을 가지기 위해 끊임없이 노력해야 한다. 향후 4차 산업기술의 발전으로 다양한 형태의 기술 융합과 혁신들이 기대되는 분야이기에 기계나 기술에 대해 용이한 접근이 가능하도록 항상 연구하는 습관이 필요하다.

➜ 이런 학생 의학에 딱!!

- 과학실험과 과학이 재밌고 잘해낼 수 있다.
- 타인을 잘 이해하고 배려할 수 있다.
- 의학 드라마나 의학 소설을 통해 꾸준히 의사의 꿈을 키워왔다.
- 아픈 사람들을 보면 마음이 아프고 꼭 돕고 싶다.
- 끈기가 있어서 오랜 공부를 소화할 수 있다.
- 빠르고 냉철한 판단력을 가지고 있다.
- 여러 지식과 능력을 종합적으로 활용하는 사람이 되고 싶다.

➜ 이런 학생 간호학에 딱!!

- 생물, 화학, 물리 등 과학과목은 물론 인문학에도 관심이 많다.

- 배려심이 있고 스스로를 통제하며 절제할 줄 안다.
- 어떤 환경에서도 유연하게 대처할 수 있다.
- 분석하고 생각하는 것을 좋아한다.
- 체력이 좋고 성실하며 책임감 강하다는 소리를 듣는 편이다.
- 사람을 좋아하고 잘 어울리며 마음이 따뜻하다.
- 평생 전문직을 원하며 사회에 기여하고 싶다.
- 미래 사회를 이끌며 팀워크에 있어 리더십이 있다.

➔ 이런 학생 생명과학에 딱!!

- 생물, 화학, 물리 등 기초 과학의 고수다.
- 과학적 사고력과 창의성, 즉 과학적 센스가 탁월하다.
- 과학을 통해 인류를 구할 수 있다고 믿는다.
- 분석하고 생각하는 것을 좋아한다.
- 생명에 대한 호기심이 많다.

➔ 이런 학생 보건환경융합과학에 딱!!

- 내 주변과 세계 각지에서 발생하는 보건과 환경문제에 관심이 많다.
- 탐구심과 호기심이 왕성하다.
- 인체건강에 해를 입히는 다양한 유전적, 생물학적, 환경적 위험요소를 진단 및 예방하는 학문을 연구하여 인류사회에 기여하고 싶다.

출처 : 고려대학교 인재 양성·진로 가이드북

선배들의 진로 로드맵을 들여다보자!

의학·생명계열 진로 로드맵						
구 분	초등	중등1	중등2	중등3	고등1	고등2
자율활동	수학과학 영재 프로그램	수학과학 영재프로그램			대학 및 연구실 탐방(캠프)	
					인문학 소양 함양 (생명, 공학윤리)	
동아리활동	과학실험탐구	과학실험동아리 활동			생명과학 동아리 활동	
		과학 시사 활동			과학 기술 토론	
봉사활동		양로원, 복지시설, 유기견 보호센터 등 정기적 방문 헌혈 독려, 전염병 예방, 금연, 환경보호 캠페인				
진로활동	창의력 과학대회	대학 탐방·직업 체험			과학주제실험 탐구	
		과학 주제 탐구			직업인 초청 특강	

　　의학·생명계열을 희망하는 학생의 경우는 영재고와 과학고 및 과학중점 학교로 진학을 하면 과학 관련 커리큘럼과 폭넓은 활동이 보장되어 유리할 수 있다. 영재고나 과학고에서 의학계열로 진학은 원칙적으로 힘든 만큼 신중히 고입을 결정할 필요가 있다.

　　그리고 일반고에서도 자신이 진로에 대한 확고한 의지만 가지고 있다면, 다른 사람과 차별화된 나만의 진로 로드맵을 통해 좋은 결과를 얻을 수 있다. 중학교 1학년 때부터 다양한 체험활동을 통해 진로탐색을 하고 중학교 2학년부터 관련된 동아리활동을 하면서 자신이 생각하는 진로와 활동한 후 변화된 내용을 객관적으로 분석하고 학교선생님께 상담도 하면서 진학할 고등학교의 종류를 탐색하는 것이 가장 효과적일 것이다.

　　진학 가능 범주에 있는 학교들은 학교알리미(www.schoolinfo.go.kr)를 통해 학교의 동아리 수 및 동아리 활동 계획서, 교과과정 편성, 평가방법, 과목별 교원 수 등을 면밀히 살펴보는 것이 좋다.

출처 : 학교알리미

고교 입학 후는 학교교육계획서를 통해 1년간의 학사일정 및 주요행사, 평가 시기 및 평가 방법, 교내 대회 일정과 진로 체험 프로그램 등을 체크해 나만의 진로 포트폴리오를 미리 계획하면서 '선택과 집중'을 통해 학교생활을 해나가야 한다.

현재 우리나라에서 인력 수급이 부족할 것으로 예측되는 분야는 공학계열과 의약계열뿐이다. 이 중에서도 의학·생명계열은 정부 차원에서 의료보건 인력수 급 관리를 위한 대책을 마련하고, 바이오헬스 산업 육성에 대한 정책들을 쏟아 내고 있는 만큼, 향후 지속적 발전이 기대되는 분야다. 또한 노령인구의 증가, 기대수명의 연장에 따른 건강관리에 대한 관심이 증대되고 있고, 꾸준한 연구 개발을 통해 4차 산업기술과의 접목을 통해 기술 혁신이 기대되는 분야인 만큼 필요한 역량을 두루 갖춘 인재로 거듭날 수 있도록 치밀한 계획과 준비가 필요

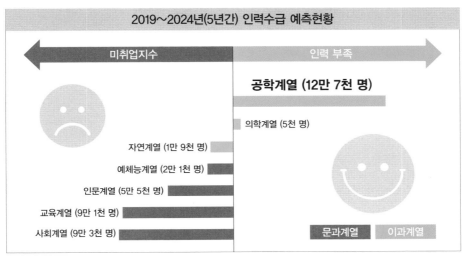

출처 : 고용노동부

할 것이다.

특히 생명·제약공학계열의 경우 기술의 개발과 발달이 시시각각 이루어지고 있으므로 평소 계열 관련 기술에 대한 관심을 기울여 시대의 흐름에 대한 감각을 잃지 않도록 유의하는 것이 좋다.

2015개정 교육과정 의학·생명·보건계열 전공을 위한 과목선택 로드맵

2021학년도 수능을 치루는 학생들부터 적용된 2015 개정 교육과정은 2015 개정 고등학교 교육과정의 도입으로, 학생들이 자신의 진로, 진학과 연계하여 자율적으로 과목을 선택하여 이수할 수 있게 되었다. 따라서 진학하고자 하는 학과에 관련된 교과목의 이수가 전공적합성을 드러내는 요소로 작용할 수 있다.

고등학교 보통 교과 교과목 구성표

교과영역	교과(군)	공통과목	선택 과목	
			일반선택	진로선택
기초	국어	국어	화법과 작문, 독서, 문학, 언어와 매체	실용국어, 심화국어, 고전읽기
	수학	수학	수학I, 수학II, 미적분, 확률과 통계	실용수학, 기하, 경제수학, 수학과제 탐구
	영어	영어	영어회화, 영어I, 영어II, 영어 독해와 작문	실용영어, 영어권 문화, 진로영어, 영미 문학읽기
	한국사	한국사		
탐구	사회	통합사회	한국지리, 세계지리, 세계사, 동아시아사, 경제, 정치와 법, 사회문화, 생활과 윤리, 윤리와 사상	여행지리, 사회문제 탐구, 고전과 윤리
	과학	통합과학 과학탐구 실험	물리학I, 화학I, 생명과학I, 지구과학I	물리학II, 화학II, 생명과학II, 지구과학II, 과학사, 생활과 과학, 융합과학
체육 예술	체육		체육, 운동과 건강	
	예술		음악, 미술, 연극	
생활 교양	기술·가정		기술·가정, 정보	
	제2외국어		독일어I, 일본어I, 프랑스어I, 러시아어I, 스페인어I, 아랍어I, 중국어I, 베트남어I	독일어II, 일본어II, 프랑스어II, 러시아어II, 스페인어II, 아랍어II, 중국어II, 베트남어II
	한문		한문I	한문II
	교양		철학, 논리학, 심리학, 교육학, 종교학, 진로와 직업, 보건, 환경, 실용경제, 논술	공학일반, 창의경영, 지식재산일반

Memo ▶ 일반계 고등학교의 경우 국어, 영어, 수학, 한국사 과목의 비중이 50%를 넘지 못하게 되어 있음을 유념하고 선택과목을 구성하는 것이 좋다.

고등학교 학생들이 2, 3학년 때에 선택할 수 있는 과목은 위와 같다. 이 과목들 중 자신의 적성과 진로를 고려하여 선택, 수강해야 한다. 좀 더 전문적인 과목을 공부하고 싶다면 다음 표에 있는 전문교과의 과목 중에서 선택할 수도 있다.

전문교과 I 의 교과목 구성표

교과(군)	과목			
과학 계열	심화 수학 I 고급 물리학 물리학 실험 정보과학	심화 수학 II 고급 화학 화학 실험 융합과학 탐구	고급 수학 I 고급 생명과학 생명과학 실험 과학과제 연구	고급 수학 II 고급 지구과학 지구과학 실험 생태와 환경

Memo 전문 교과는 전문 교과 I, 전문 교과 II 로 나누어짐. 전문 교과 I 의 교과(군)는 과학 계열, 체육 계열, 예술 계열, 외국어 계열, 국제 계열로 구성되어 있음.

Memo 공학계열의 학생들은 과학 계열의 전문 교과에 집중하는 것이 좋다. 하지만 자신만의 브랜딩을 위해서 과학 계열 이외의 전문 교과 I 의 과목들을 들을 수도 있다.

의학·생명계열로 진로로 삼는 학생들의 경우 수학은 미적분, 기하, 과학은 물리1, 물리2의 수강 여부가 진학에 큰 영향을 끼치게 될 것이다. 토목·건축 공학과 도시공학 역시 수학, 과학을 기본으로 하지만, 전공 분야에 따라 이수 과목은 다소 달라질 수 있다.

재학 중인 학교의 사정상 원하는 과목이나 전문교과목이 개설되지 않았다면 '교실온닷(온라인 공동교육과정)'이나 '공동교육과정'을 통해 이수할 수 있다.

- 거점형 선택 교육과정 : 거점학교에서 운영하는 교육과정에 타 학교 학생들이 참가하는 교육과정
- 연합형 선택 교육과정 : 인접한 2~4 학교들이 특정 교과목을 공동 운영하는 권역별 교육과정
- 온라인 선택 교육과정 : 교실온닷(한국교육개발원 서버)을 활용한 미네르바 스쿨 방식의 미래형 교육과정을 통해 이수할 수 있다.

의학·생명계열 진로를 위한 3년간 교육과정

구분	1-1	1-2	2-1	2-2	3-1	3-2
기초	국어 수학 영어I 한국사	국어 수학 영어I 한국사	문학 언어와 매체 수학I 수학II 영어II	독서와 문법 미적분 확률과 통계 영어II	화법과 작문 수학과제 탐구 영어 독해와 작문	화법과 작문 실용수학 진로영어
탐구	통합사회	통합사회	생활과 윤리	윤리와 사상	정치와 법	고전과 윤리
탐구	통합과학 과학탐구실험	통합과학 과학탐구실험	생명과학I 물리I 화학I	생명과학II 화학II	고급화학 생명과학 실험	고급화학 생명과학 실험
체육·예술	체육 음악 미술	체육 음악 미술	운동과 건강 미술감상과 비평	운동과 건강 미술감상과 비평		
생활·교양			한문I	철학 보건	환경 공학일반	심리학

나의 꿈을 위한 나만의 교육과정 작성해보기

학년/학기	1-1	1-2	2-1	2-2	3-1	3-2
기초						
탐구						
체육·예술						
생활·교양						

Memo ▶ 학교별 상황에 따라 개설되지 않는 과목이 생길 수도 있습니다.

창의적 체험활동을 구체화하자!

➡️ 진로 로드맵을 이용하여 진로계획 세우기

🖋️ [사례 1] 의예과 – 생명공학자에서 의사로

Ⓠ 진로희망이 생명공학이나 생화학연구지만 의대 지원이 가능할까요?

Ⓐ 생명과학에 대한 흥미, 깊이 있는 이해, 폭넓은 실험활동 등이 수반된다면 의대를 지원하는 데 무리가 없습니다. 가장 중요한 것은 대학 입학 후 학업을 이어나갈 수 있는 역량이 있느냐 하는 것입니다.

의예과 진로 로드맵

구 분	1학년	2학년	3학년
자율활동	교내토론대회참여 교육청 리더십과정 이수	그람 염색 실험 EBS 장학퀴즈 도 대표참가	로자린드 프랭클린 업적 조사
동아리활동	양파 체세포 분열 관찰 물벼룩 심장박동 관찰	태형동물 젤라틴 분해 효율 소 눈, 돼지허파 해부	식물백신탐구 지네식초의 살균, 살충효과 DNA 전기영동실험
		(화학) 우리 몸을 구성하는 질소 화합물 탐구	
봉사활동	노인요양원 정화 및 급식 봉사, 수학과학축전 부스 운영		
진로활동	생화학연구원 직업 탐색 과학기술드림톡콘서트	생명공학교수초청독서스터디 창의융합형과학심화캠프 생물분야 소논문쓰기	과학과제연구 생명공학기술탐구
진로독서	생물학이야기, 헬스케어이노베이션, 의학의 역사, 인류의 절망을 치료하는 사람들		

위 학생은 처음에는 자신의 주 관심 분야인 생물 및 화학 분야에서 활동을 해오면서 생명공학을 거쳐 의대를 지망하게 된 경우이다. 3년간 생물탐구동아리를 통해 다양한 실험활동과 가축 해부, 태형동물 젤라틴 분해 효율연구, 인간

체내 질소 화합물 연구, 식물 백신연구 등을 하며 생명과학에 대한 심화활동을 수행했다. 그리고 교내 진로활동을 통해 4차산업혁명과 의생명공학의 전망에 대해 알아보고, 생명공학 교수를 초빙하여 분야 독서스터디를 했고, 전문가와 함께 '고분자물질 카라기난을 분해하는 해양 미생물의 분리 및 특성분석'을 주제로 소논문을 작성하기도 했다. 기본적으로 학교생활에서도 뛰어난 학업성취도를 유지했으며, 3년간 수학과학 멘토활동 등을 하며 바람직한 리더십을 보이며 모범적으로 매사 충실히 임했다. 규명되지 않은 질병의 원인들을 찾고, 환자의 고통을 줄이고, 완치시켜 생명의 연장에 공헌하고자 하는 꿈은 의대를 지원하게 된 결정적 동기가 되었다.

📝 [사례 2] 의예과 – 자가면역질환 연구 희망

Q 의사의 분야가 다양한데 구체적으로 분야 지정을 해서 관련 심화 활동을 이어가는 게 유리한가요?

A 일반고에서 의대 관련 활동을 교내에서 수행하기란 한계가 많습니다. 입학사정관들도 이 부분에 대해 인지하고 있는 만큼 의사의 분야를 꼭 지정해 구체적 관련 활동을 하는 것도 좋지만, 포괄적으로 생명을 소중히 여기고, 질환으로부터 사람들을 돕고 싶다는 진정성이 전달되어도 괜찮습니다.

의예과 진로 로드맵

구 분	1학년	2학년	3학년
자율활동	학급반장 다문화 체험– 인권평등	학급반장 창의융합사고력대회	학급반장 과학교육 기부활동
동아리활동	생명과학) 해마토크릿 수치 실험, 지카바이러스 탐구, 척추/무척추 동물 해부 '자가면역질환과 그 종류' 주제 발표, '세균을 구분하는 그람 염색법' 조사		

봉사활동	헌혈, 노인복지병원		
진로활동	인문학특강 선배와의 만남	학과체험(메디컬계열) 진로캠프 직업체험보고서	대학전공캠프 과학주제탐구
진로독서	이기적 유전자, 생물학 이야기, 면역에 관하여, 면역의 배신		

위 학생은 어린시절부터 생명, 인체의 구조, 생리현상 등에 관심을 가지며 의사가 되길 희망해 1학년 때부터 최상위권 성적을 유지하고, 학교생활에 성실히 임했다. 3년간 학습 반장을 하며 반친구들과 체육대회, 합창대회 등에 참가하며 리더십을 발휘했고, 각종 수학과학 대회에서 우수한 성적을 거두었으며, 교내 체험활동과 과학튜터활동을 통해 배려, 소통 등의 참된 인성을 갖추기 위한 노력도 했다. 특히 과학적 역량을 기르기 위해 다양한 활동을 했는데, 3년간 생명과학동아리 활동을 하며, 해마토크릿 수치 실험, 척추와 무척추 동물 해부실험 등 과학실험을 하고 보고서 작성을 하거나, 유전자 편집기술, 지카바이러스 등 생명 관련 이슈들을 탐구했다. 이 과정에서 면역체계에 대한 관심이 생겼고 '자가면역질환' 주제 연구로 이어져 자가면역질환 분야의 의사가 되어, 진료와 연구를 이어나갈 다짐을 하게 되었다.

✏️ [사례 3] 수의예과 – 특수동물전문수의사 희망

Q 수의학과와 관련하여 교내에서 할 수 있는 활동에는 한계가 많은데 어떤 활동으로 대체할 수 있을까요?

A 동물 해부를 직접해보는 등 관련 실습을 하면 좋겠지만, 일반학교에서 한계가 많은 건 사실입니다. 이럴 경우는 생명과학이나 수의학과 관련된 주제연구나 탐구를 통해 전공적합성을 보여줄 수 있습니다.

구 분	1학년	2학년	3학년
자율활동	학급반장 교육청 주관 영어인터뷰 동물실험 찬반 토론	사회이슈 디베이트 활동	
동아리활동	(화학탐구반) 화학실험	과학기술자료발표반 (인공장기, GMO, 인체 플랫폼 주제 발표)	
	영어 자율 동아리	수학 심화문제풀이	
봉사활동	굿네이버스 주관 연례 아동서신 번역봉사, 시 동물 보호센터 유기견 돌보기 봉사		
진로활동	수의학, 동물매개치료학, 동물 재활학 등 조사	방과후 – 실전생물 수강	Dr.K's Exotic Animal ER 다큐 시청
진로독서	도로 위의 야생동물, 특수동물 진료이야기, 탐욕과 오만의 동물실험		

이 학생은 초등시절부터 꾸준히 유기견 돌보기 봉사를 해오며 수의사의 꿈을 키워왔다. 수의사가 되기 위해서는 우수한 학업성적이 필요했기에 최상위권을 유지하는 한편, 영어과 과학동아리 활동을 하며 관심 분야에 대한 탐구를 이어 갔다. 동물보호센터에 오는 동물이 대부분 유기견, 유기묘지만, 간혹 멧돼지나 고라니 등의 야생동물이나 버려진 고슴도치, 이구아나 등이 치료를 받으러 오기 도 한다. 이때, 특수동물을 치료하는 수의사가 부족하다는 것을 알게 되어 이 분야에 관심을 가지게 되었다.

그리고 인공장기와 인체플랫폼 주제 발표를 하며 동물에게도 적용할 수 있는 방법에 대한 호기심을 가지고 탐구활동도 이어갔다. 직접 동물보호센터에서 유 기묘 세 마리를 입양해 키우기도 하며 동물 사랑을 실천해나가며 자신이 할 수 있는 범위 내에서 성실히 학교생활을 해온 덕분에 수의사라는 꿈에 한 발짝 더 다가갈 수 있었다.

Q 수학에 대한 어려움으로 인문계열 과목을 주로 이수했어요. 간호사가 되는데 지장이 없을까요?

A 간호학은 계열별 교차지원이 가능한 학교들이 있습니다. 문이과통합과정이지만 고교에서 인문계열 과목을 주로 이수했다고 하더라도 충분히 지원 가능합니다. 다만, 인기학과인 만큼 우수한 성적과 전공적합성을 보이는 게 중요합니다.

간호사 진로 로드맵

구 분	1학년	2학년	3학년
자율활동	응급처치교육 약물중독예방교육	자동심장충격기 사용법 영유아, 성인 CPR 배우기	생명과학 I 스터디 조직
동아리활동	보건동아리(학교 내 행사 시 응급처치실 운영, 보건 관련 주제탐구 및 토론)		
	영어심화반	Bioscience 시사토론	신문사설탐구반
봉사활동	보건도우미(흡연예방 캠페인, 보건관리 보조활동), 아동복지센터 봉사		
진로활동	간호사 필요 역량 탐구	전문간호사의 종류 조사 존엄사와 안락사 탐구	응급의료시스템의 이해 온라인 강좌 수강
진로독서	간호사가 말하는 간호사, 간호사라서 다행이야, 만약은 없다, 장관이 된 간호사		

위 학생은 간호학과 진학을 꿈꿨지만 미적분 등 수학에 대한 부담으로 인문계열로 선택한 후, 간호학과를 지원했다. 교내에서 실시한 응급처치교육 외에도 동아리활동 시 방문한 119센터에서 직접 영유아 및 성인대상 CPR과 자동심장충격기 사용법을 배우고 존엄사와 안락사 탐구, 간호사 부정적 인식개선을 위한 방안에 대해 토론, 간호사 필요역량을 탐구하는 등 전공적합성을 부각시키기 위한 활동들을 이어갔다. 한 학기 수업 후 없어진 생명과학교과를 꾸준히 공부하

기 위해 3학년에 간호보건 계열 친구들을 모아 생명과학1 학습 스터디를 이어가며 인문계열 출신이라는 불리함을 극복하기 위해 노력하는 모습을 보였다. 그리고 우리나라 응급실의 인력부족, 열악한 업무환경, 체계적 응급시스템의 부족의 해소를 위해 '생명'의 최전선에서 일하는 간호사가 되길 희망했다.

✏️ [사례 5] 간호학과 – 감염관리간호사 희망

Q 중간에 진로가 바뀌어도 되나요?

A 진로는 바뀔 수 있습니다. 다양한 경험을 하다 보면 세상을 보는 시각이 달라지므로 진로에도 변화가 생길 수 있습니다. 변화의 직접적 계기가 학생부에 드러나 있거나, 스스로가 충분히 설명할 수 있다면 걱정 안 해도 됩니다.

간호학과 진로 로드맵

구 분	1학년	2학년	3학년
자율활동	학급반장 지역 내 리더십프로그램	학습반장 장애인 편견 개선 캠페인	약물 오남용 예방교육 TED 항생제 관련 시청
동아리활동	수학동아리(수학 공식 증명, 수학자 조사, 과제연구)		
	과학동아리(과학축전 부스운영, 생명윤리 문제 탐구)		KOCW 면역학 수강 면역거부반응 조사
봉사활동	장애인복지관		
진로활동	토론 논술 캠프	꿈명함만들기 –교사	유전자돌연변이 조사 자동제세동기 사용법 익힘
진로독서	행복한 호주 간호사, 면역의 의미론, 내 몸 공부, 백신의 덫		

위 학생은 고 2학년 때까지는 교사를 희망하다 봉사활동을 통해 간호학과로 진로를 바꾸게 된 경우이다. 중증장애인 재활 복지센터에서 지속적인 봉사활동

을 하며 3학년 때 간호학과로 진로를 확정한 후 전공 관련 활동을 열심히 했다. 진로박람회 및 전공체험학습, 직업멘토링 캠프 등에서 간호학과와 간호사에 대한 진로탐색에 적극적으로 임했고, 응급처치와 관련해 3C(Check, Call, Care)와 AED사용법을 익혔다. 특히 교내에서 몸이 좋지 않은 친구를 발견해 실제로 119 구급대에 신고를 해 이송하는 과정에서 응급처치법을 배운 대로 실천했다. 그리고 봉사활동을 하면서 복지관의 환자들이 면역력이 낮아 독감에 잘 걸리고, 쉽게 전염되는 것을 보며 면역과 감염예방에 관심을 가지게 되어 KOCW에서 '면역학'강의를 찾아듣고, 면역거부반응에 대해 조사하는 활동을 했다.

2학년까지 진로 희망이 교사였지만, 지속적인 모자봉사활동을 통해 간염간호에 관심을 가지게 되었다. 또한 1학년 때부터 과학동아리를 통해 생명과학 관련 실험과 생명윤리에 대한 토론 등을 한 점이 간호사 진로와 연계하여 좋은 평가를 받았다. 이후 3학년 때 면역학 대학강의를 듣고, 면역거부 반응에 대한 조사 등을 하면서 심층학습한 것이 간호학과에 최종 진학할 수 있었다.

✏️ [사례 6] 제약학과 – 신약개발연구원 희망

Q 신약개발을 하기 위해서 어느 학과로 진학하면 좋을까요?

A 제약연구원이 되기 위해서는 약학과, 화학과, 생명과학과, 제약학과 등이 있습니다. 편입은 약학과를 선호하는 편입니다. PEET(약학대학입문자격시험)을 치르기 위해서는 화학, 생명학과 쪽으로 진학하는 것이 물리추론, 유기화학추론, 화학추론, 생물추론 시험을 응시할 때 좋은 성적을 얻을 수 있습니다. 하지만 2023학년도부터는 모든 약대가 6년제로 통합 전환된다는 것을 알고 도전할 필요가 있습니다.

제약학과 진로 로드맵			
구 분	1학년	2학년	3학년
자율활동	학급 반장 뇌과학 교수 초청강연	배기가스와 토양의 산성도 탐구	학급부반장
동아리활동	생명과학 동아리		
	DNA 전기영동실험, 동물실험 토론, 아스피린 합성 실험, 쥐, 돼지 등 해부, 생명윤리		
봉사활동	요양원 봉사활동		
진로활동	직업탐방 – 교수	직업탐색 – 신약개발연구원 대학교 과학캠프	진로 로드맵구체화 발표 동의보감탐구
진로독서	DNA혁명 크리스퍼 유전자가위, 일반화학, 허준의 동의보감 민간요법		

    이 학생은 의약품 소재의 독서활동을 하며 흥미를 느껴 신약연구를 희망해 1학년 때부터 각종 전공 분야 활동을 해왔다. 관련 교과목인 과학탐구 실험을 다양하게 경험했는데 동아리 활동을 통해 동물 해부, 동물실험 찬반토론 후 대체방안으로 VR과 AR의 접목에 대한 조사, 아스피린 합성 탐구활동을 했다. 그리고 꾸준히 진로 관련 학과탐방, 과학캠프에 참여하며 신약개발 분야의 비전에 대해 탐색도 게을리하지 않았고, 자발적인 연구 및 탐구 활동도 적극적으로 했다.

    2학년 수학여행 시 공기오염의 심각성을 인지하고 자동차 배기가스와 토양이 산성도의 연관성에 관한 연구를 하면서 도로로부터 가까울수록 산성도가 높게 나타난다는 사실을 직접 실험을 통해 밝혀내고 탐구보고서로 정리했다. 무엇보다 허준의 동의보감에 대한 책을 탐구하며 수록된 내용 구성 및 책의 체계에 대한 높은 이해도를 바탕으로 허준의 정신과 약에 대한 자신의 열정이 돋보였고, 자신의 진로를 위한 첫 단계인 대학 진학에 성공했다.

✏️ [사례 7] 생명공학과 – 인체에 무해한 성분의 화장품개발 희망

Q 생명공학계열의 졸업 후 진로에는 어떠한 것들이 있나요?

A 생명공학은 바이오벤처기업, 국가연구소, 화장품회사, 환경 관련 직업, 병원, 제약회사, 식품 회사등 다양한 분야에 진출합니다.

생명공학 진로 로드맵

구 분	1학년	2학년	3학년
자율활동	독서토론행사 낙태허용 찬반	환경교육 환경호르몬과 인체	학급반장 과학의 행사 참여
동아리활동	(생명공학) 캘러스 배양, 돼지 심장, 붕어 해부, 콩의 호흡 실험, DNA추출 ,세포관찰		(이슈토론) 경피독의 위험성 동물실험 찬반
동아리활동	유용미생물활용 EM쌀뜨물 발효액만들기	상생의 생태 숲 교실 참여	(이슈토론) 경피독의 위험성 동물실험 찬반
봉사활동	청소년 적십자(RCY)	국가유공자 재가서비스 과학실험 재능기부	독거노인 말벗
진로활동	진로캠프 진로골든벨	대학교 전공소개 직업인 초청 강의	짱뚱어 점액효능 화장품 보존제 성분탐구 연고의 항생효과 실험
진로독서	경피독, 고마운 미생물 얄미운 미생물, 이중나선, 당신의 상식이 피부를 죽인다.		

이 학생은 자신이 겪었던 피부트러블에 대한 스트레스를 바탕으로 저자극성 피부 치료제 개발을 목표로 생명공학자를 꿈꾸며 다양한 활동을 했다. 자율활동을 통해 생명윤리에 대해 고찰해보는 시간을 갖고, 봉사활동을 꾸준히 하며 소외계층을 돌보았다. 그리고 생명공학 동아리에서 동물 해부, 세포관찰 등의 활동을 하고, 미생물을 이용한 발효액 만들기를 하며 실험과 실습을 이어나갔고 3학년 때는 화장품 속 중금속과 경피독에 대한 조사활동을 했다. 사용기한이 지난 화장품으로 인한 피부염 발병을 계기로 화장품 관련 잘못된 인식에 대

한 개선, 성분과 작용에 대한 호기심을 느껴 화장품 연구원의 꿈을 가지게 되었고 바이오생명공학전공을 통해 인체나 피부에 무해한 성분을 이용해 효능이 뛰어난 화장품을 개발하겠다는 목표를 가지게 되었다.

✎ [사례 8] 생명과학과 – 암세포연구원 희망

Q 생명공학 분야의 전공적합성을 효과적으로 보여줄 수 있는 방법이 있을까요?

A 일반적으로 생명과학에 대한 깊이 있는 이해를 바탕으로 실험을 진행하면 좋습니다. 다만, 미생물, 효소, 세포 등 자신이 관심을 가지고 있는 주된 분야가 있다면 한 가지 주제로 점차 심화된 연구로 진행되는 과정을 보여줄 수 있다면 좋겠죠.

생명과학과 진로 로드맵

구 분	1학년	2학년	3학년
자율활동	학급부반장 환경보호캠페인	녹차의 카테킨효과 태실지와 탯줄 탐구	카테킨성분의 항암 효과 대장암, 구강암, 식도암
동아리활동	생물실험동아리 (동물해부, 식물DNA 검출, 효소반응실험, 적혈구 삼투압실험)		
	논어 강독, 수학멘토링	암세포 탐구, 논어강독	캠벨 생명과학 탐구
봉사활동	노인요양원 말벗 봉사 및 환경 정화		
진로활동	대학교수 초청강의 진로포트폴리오 발표	서울대농생대 캠프 세포생물학 실험 노화 원인산화작용 탐구	암세포 관련 최신연구 조사 생명 관련 논문, 원서 탐독
진로독서	세포의 반란, 이중나선, 세포전쟁, 종의 기원, 생물과 무생물 사이		

위 학생은 바이러스 변이로 인한 항생제의 무효성에 대해 탐구하며 생명공학 연구원의 꿈을 키웠다. 생명과학 동아리 활동으로 동물해부, 효소반응 실험 등을 하며 생물학 실험과 주제 탐구를 수행했고 대학탐방 및 과학 캠프에 적극 참

여해 전공에 대한 이해도를 높였다.

　이 학생의 활동 중 가장 돋보이는 것은 하나의 주제를 가지고 학년이 올라가면서 점점 심화된 내용으로 탐구를 이어갔다는 것이다. 2학년 자율활동에서 '녹차가 건강에 미치는 영향'을 주제로 보고서를 쓰며 카테킨 구조와 효능에 대해 인지하게 되었고, 이후 벨케이드와 카테킨의 화학반응 조사를 했다. 이후 3학년이 되어서도 지속성을 가지고 '녹차의 카테킨 성분의 암 예방 효과에 대한 연구 : 대장암, 구강암, 식도암 중심'을 주제로 실험을 수행하며 관련 논문과 도서를 읽으며 적극적으로 지적호기심을 해결해 나가는 모습을 보여주었다. 이러한 학교생활 전반을 걸쳐 진행된 주제 탐구는 이 학생의 강점이 되어 인류의 암 정복을 연구하는 암세포 연구원이라는 목표에 탄탄한 주춧돌 역할을 했다.

각종 대회 일정 체크해서 수상내역 관리하기

연번	수 상 명	시행(월)	참가대상	수상비율	담당부서	실시계획 공개방식
1	과학탐구토론 보고서대회	3월	1,2학년 희망자	5팀 내외	자연정보교육부	학급게시
2	수학경시대회(3학년)	4월	3학년 희망자	10명 내외	자연정보교육부	학급게시
3	과학경시대회(3학년)	4월	3학년 희망자	부문별 6명 내외	자연정보교육부	학급게시
4	AS 사진대회	4월	1학년 전체, 2학년 희망자	20명 내외	자연정보교육부	학급게시 및 게시판
5	교내지리올림피아드	4월	2,3학년 희망자	20% 내외	지리과	학급게시

(중략)

17	독서토론한마당	7월	1,2학년 희망학급	팀별 30% 개별 20%	인문사회교육부	학급게시
18	자연학술탐방대회	7월	1,2학년 선발	8팀 내외	자연정보교육부	게시판
19	꿈발표대회	7월	1,2학년 희망자	7명 내외	진로진학상담부	게시판 안내
20	영어독서퀴즈대회	9월	1,2학년 희망자	20%	외국어교육부	학급게시

선별된 대회에 참가하여 혹시라도 성과를 거두지 못하더라도 대회준비 및 대회 기간 중 내가 맡은 역할이나 탐구주제에 대한 기록을 남겨 놓으면 이후 심화 과정을 이어나갈 수 있다.

📋 메모 예시

날짜	대회명(수상)	내용 및 연관된 심화 주제
3월 25일	과학탐구토론 보고서 대회 (수상실패)	탐구주제 : 치매의 발병 원인 대한 탐구 치매의 원인에 대한 가설, 신경독성물질 등 특성 단백질과 인슐린의 상관관계 탐구 연관주제 : 생명과학 – 항상성 단원 연계, 인슐린 분해 요소와 치매 증상의 가속화 조사, 보고서 작성하기
7월 13일	자연학술탐방 대회	탐구주제 : 자동차 배기가스와 토양의 산성화 영향 내용 : 산성비의 주된 요인인 자동차 배기가스와 관련하여 토양의 산성화에 미치는 영향 탐구 나의 역할 : 자료 조사, ppt 발표 연관주제 : 미세먼지 등 기타 토양산성화 원인 조사

👉 여기서 잠깐!!

독서토론대회는 어떻게 연결할 수 있을까요?
- 교통사고를 당한 후 뇌의 10퍼센트로 온 몸을 재건한 소녀가 혼수상태에서 깨어나 자신의 정체성을 찾아가는 내용의 소설 '파랑피(메리 E. 피어슨)'를 읽고 과학기술의 윤리적 문제와 인간 존엄성에 관해 토론함.
- '해피엔딩, 우리는 존엄하게 죽을 권리가 있다.(최철주)'를 읽고 안락사, 존엄사의 차이, 안락사를 바라보는 해외와 우리나라의 차이, 적극적 안락사 도입의 찬반에 따른 근거 등을 탐구, 토론해봄.

💬 창체활동(자율/동아리/봉사/진로) 계획서 확인

➡️ 자율활동

학기	일자	주제	담당부서
1 학기	3월 18일	학교 안전사고 예방 교육	생활안전교육부
	3월 22일	약물중독 및 오남용 예방 교육	생활안전교육부
	⋮		
	4월 5일	정보통신교육	교육정보부
	⋮		
	6월 14일	응급처치교육	생활안전교육부
	6월 24일	흡연예방교육	생활안전교육부

Memo ▶ 특히 각종 교육들은 시간이 지나면 기억이 나지 않으므로 즉시 메모해 정리해두는 습관이 필요하다.

📋 메모 예시

날짜	대회명(수상)	내용 및 연관된 심화 주제
3월 22일	약물중독 및 오남용 예방교육	내용) 약물중독 및 오남용의 위험성에 대한 영상 시청. ① 우리나라의 항생제 처방이 남용되고 있다는 사실을 인지, 현황 조사 및 대안 탐구 ② 개 구충제 암치료 효과에 대한 확신 없이, 말기암 환자들의 복용에 대한 사례 연구 및 대책 조사

자율활동 기재 예시

학년	창의적 체험 활동상황		
	영역	시간	특기사항
1	자율활동	46	약물중독 및 오남용 예방교육(3월 22일)에서 약물중독 및 오남용의 위험에 대한 강의를 시청함.

			↓
			약물중독 및 오남용 예방교육(3월22일)에서 약물중독 및 오남용의 위험에 대한 강의를 시청함. 이후 우리나라에서 남용되고 있는 약으로 항생제에 대한 조사를 하여 OECD국가 중 높은 처방률을 보이고 있으며, 항생제 오남용으로 인해 영유아 성장에 악영향을 끼치고, 소아비만을 유발, 어린이들의 면역력을 크게 약화시켜 아토피, 천식 등 면역계통 질환을 증가시키게 되며 궁극에는 내성균의 출현으로 약효가 떨어져 인류생존에 위협이 될 수도 있다는 내용을 정리해 보고서로 작성함.
1	자율활동	46	약물중독 및 오남용 예방교육(3월 22일)에서 약물중독 및 오남용의 위험에 대한 강의를 시청함. ↓ 약물중독 및 오남용 예방교육(3월 22일)에서 약물중독 및 오남용의 위험에 대한 강의를 시청함. 최근 암치료 효과로 이슈가 되고 있는 개구충제인 펜벤다졸 관련 사회 현상에 대해 의학전문가들의 의견과 실제 복용 중인 말기암 환자나 보호자들의 의견과 사례를 조사하는 활동을 함. 죽음 앞에서 절박한 심정으로 펜벤다졸에 희망을 걸 수밖에 없는 환자들의 마음에 공감하는 한편, 전문가의 처방 없이 행해지는 약물복용은 큰 부작용을 동반할 수 있으므로 신중한 접근이 필요하다고 자신의 생각을 정리해 보고서를 씀.

☞ 여기서 잠깐!!

정보통신 교육은 어떻게 연결할 수 있을까요?
- 환자정보 공유 시스템(Health Passport)을 조사
  - 여권과 같이 환자의 모든 치료 내력 및 의료 정보를 쉽게 소지하고 이동시키는 시스템. 국내 메르스 사태 이후 2018년부터 전국병원 간 환자정보 공유 시스템이 적용되었음.
  → 개인 정보에 대한 보완 대책과 관련하여 연결하기
- 환자의 개인정보를 간편하고 안전하게 보관하기 위한 메디컬 블록체인 기술

🔵 동아리활동

  높은 수준의 과학 분야의 지식을 요구하는 만큼 과학동아리 활동을 하면 유리하다. 진학에 성공한 학생들의 공통점은 동물들의 기관 해부, 약물의 성분 분석 등 연구나 탐구활동을 대부분 생명과학 및 화학 관련 동아리 활동을 했다는 것이다. 혹여 현실적인 한계로 유의미한 실험이나 탐구를 하지 못하더라도,

과학 분야에 대한 지속적인 관심과 열정을 보여줄 수 있도록 하자.

학년	창의적 체험 활동상황		
	영역	시간	특기사항
3	동아리 활동	17	(생물탐구동아리) 루미놀 반응실험을 진행한 후 화학발광에 대해 조사하여 발표함. DNA 전기영동실험을 진행함. 창의융합형 과학심화캠프에서 전기영동을 진행한 경험을 바탕으로 탐구를 진행하며 후배들을 지도함. 전기영동 시 DNA의 이동에 영향을 주는 요인들에 대해 조원들과 토의하며 아가로스젤 농도와 전압이 영향을 미칠 것이라는 의견을 제시함. 토의 후 전기영동실험장치의 원리 자체는 간단하므로 직접 제작해보자는 의견을 가지고 간이 전기영동장치를 제작하고 사용해봄. 조사 활동을 통해 DNA분자의 크기와 DNA 분자구조도 이에 영향을 미친다는 사실을 알아 내용을 정리하여 발표함. 식물 백신을 주제로 에볼라 치료제인 Z맵 등 사례를 예로 들며 식물 백신보다 뛰어난 점을 언급하여 동아리 주제 탐구를 발표함. '지네식초의 살균효과와 살충효과'에 대해 연구한 과정과 내용을 설명해주고 과제연구를 계획하는 후배들에게 탐구를 진행하는 데 도움을 줌. 설계 및 진행에 조언을 하고 보고서 및 차트를 만드는 데 필요한 점을 제시하며 자신의 경험을 나눠줌.

학년	창의적 체험 활동상황		
	영역	시간	특기사항
2	동아리 활동	34	(생물실험동아리) 광합성 색소 분리 실험을 주도적으로 진행함. 크로마토그래피를 이용한 식물색소 분리와 원리를 이해하고 광합성 색소의 종류를 학습함. 추출액 전개액 등 시약 사용에서 유의점과 분리된 색소의 전개율이 다른 이유를 찾아봄. 또한 카탈리아제 효소 반응 실험, 소눈 및 불가사리 해부 등 다른 조의 실험을 도와주며 생물. 화학에 대한 이해를 높임. 동아리 발표회에서 개구리 해부와 자극실험을 진행하며 감각기관, 구심성 신경, 원심성 신경으로 이어지는 신경계와 CNS, PNS 척수의 반사운동에 대해 학습함.
2	동아리 활동	36	(전공탐구동아리) 자신이 관심을 가지고 있는 세포 분야 중, 정상세포와 암세포 분해의 차이점, 다단계 발암 기전, 세포주기와 check point 역할 및 관여 단백질에 대해 보고서를 작성하였으며 APC, p53 등 새로운 개념을 공부함.

항상성 작용에 대한 포괄적 질문, 연역적 탐구 방법 학습을 통한 실험 설계, 고양이와 인간 눈의 차이점을 읽고 고양이 눈의 구조 구상하기 등 생명공학 관련 논술 제시문을 읽고 토의함. '발암물질 니코틴이 체내 장기에 미치는 영향'을 주제로 세우고 실험용 쥐를 통해 확인하는 실험 계획을 발표함.

간호학 예시

학년	창의적 체험 활동상황		
	영역	시간	특기사항
2	동아리 활동	30	(보건동아리) 동아리 시간 건강 관련, 응급처치 등의 활동에 적극적으로 참여하며, 흡연예방 금연캠페인 활동 및 학교 행사 시 보건반으로서 열심히 응급처치 활동을 함. 해양자연사박물관 견학 시 해양생태계와 인간생리에 관심을 가지고 비교하며, 119안전체험관 견학 시 심폐소생법, 하임리히법, 소화기 및 소화전 사용법 완강기 사용법 등 119 구급 체험 등에 적극적으로 참여함. 이후 개인적으로 영유아 및 성인 CPR, 자동심장충격기 사용 등을 외부기관을 통해 배워와 동아리 부원들에게 실습해 보이며 가르쳐주는 시간을 가짐.

수의학 예시

학년	창의적 체험 활동상황		
	영역	시간	특기사항
3	동아리 활동	17	(과학기술자료발표반) "인체플랫폼"에 대한 주제로 개인 발표를 하면서 IT와 공학의 발전이 의료산업에 미치는 여러 가지 현상들을 보면서 기계의 인간화가 아닌 인간의 기계화가 어디까지 진행되었는가를 다양한 영상과 사진으로 보여주고 인간에게 기계가 삽입될 수 있는 여러 가지 플랫폼에 대하여 설명하였음. 인공 와우, 인공심장, 인공신장, 인공기관지, 그리고 혈관과 피부까지 공장에서 만들 수 있는 기술이 있고 특히 망막에 대한 동영상을 보여줄 때는 많은 학생들로부터 장애인들의 고통에 대해 공감과 호응을 이끌어냄. "미세 플라스틱과 미세 섬유"에 대한 주제 발표 때에는 동아리 학생 심사원으로 활동하고, 어려운 과학을 쉬운 이야기로 만드는 데 열정적으로 활동하였음.

생명을 다루는 계열이니 만큼 인문학적 소양 함양하는 것을 게을리해서는 안 된다. 자율동아리 활동으로 토론을 통해 윤리, 인성 등에 대한 고찰의 과정

을 보여주는 것도 좋다.

학년	창의적 체험 활동상황		
	영역	시간	특기사항
3	동아리 활동	17	**(신문사설탐구반)** 신문기사와 사설을 읽으며 다양한 분야에 걸쳐 사회문제에 대해 생각해보고 의견을 나누는 시간을 가짐. 특히 간호학이나 의료 관련 내용에서는 자신의 관심이 높아 심도 있는 분석과 의견 제시를 하여 적극적으로 임함. 심폐소생술을 이용하여 신속한 조치를 통한 인명구조의 필요성에 대한 의견을 제시함.
3	동아리 활동	22	**(과학토론동아리)** '현대기술이 발전하여 인류의 조상을 복원해 살려낸다면 어느 국가의 소유인가'라는 주제 토론을 통해 그 조상을 살려낸 국가는 다른 나라일지라도 유전적으로 보나 윤리적으로 보나 그 조상은 복원한 국가의 소유가 아닌 그 조상의 모국 소유라는 의견을 제시하고 생명체를 윤리적 시각에서 보는 능력을 기름. '배아줄기 세포 연구'라는 토론으로 이 치료법이 대중화되기 전까지는 대부분의 환자들이 비용을 감당하기 어려울 것이기 때문에 빈부격차 발생이 우려되고 배아복제를 연구하는 과정에서 수많은 수정란이나 배아가 희생될 수 있으며, 인간이 될 가능성이 있는 배아를 인간이 조작함으로써 인간의 존엄성을 해친다는 의견을 제시하여 배아줄기 세포 연구에 반대하는 이유를 논리적으로 제시하는 능력을 길렀음.

☞ 여기서 잠깐!!

유기적인 학생부 만들기 위한 팁! 교내 대회와 연결해보기

학년	창의적 체험 활동상황		
	영역	시간	특기사항
2	동아리 활동	34	**(과학동아리)** 교내 대회 참가 시 치매에 대해 조사하면서 신경독성물질인 아밀로이드 베타 단백질과 같은 특정 단백질의 대사에 인슐린이 영향을 미친다는 것을 흥미롭게 보고 인슐린과의 상관관계에 대해 동아리 부원들과 함께 추가적으로 탐구함.

아밀로이드 베타 단백질의 작용기전, 분해조건을 자세히 알기 위해 '알츠하이머의 종말'이라는 책을 참고하여 관련 논문을 탐독함. 인슐린 분해요소가 인슐린과 유사한 분자 구조를 지닌 아밀로이드 베타 단백질 또한 분해하는 것은 그 단백질에 대해 인슐린이 경쟁적 저해제 역할을 하기 때문이며, 이로 인해 뇌에서 아밀로이드 베타 단백질이 축적되어 치매증상을 가속화시킨다는 것을 알게 됨. 유기적으로 기능이 연결된 인체에 작용하는 약을 만들 때에는 몸 안에서 일어날 수 있는 다양한 기전을 고려할 필요가 있다는 결론을 내림.

전공 주제별 동아리 분류

동아리 이름	활동 내용
과학경시대회& 올림피아드 동아리	이론 위주 학습을 하고 수준 높은 과학 문제를 해결하며, 과학경시대회나 올림피아드 등에 출전할 목적으로 활동.
과학 논술 동아리	사회적 이슈가 되는 과학 문제에 대해 자신의 생각을 글로 작성하면서 논리적 사고와 문제 해결력을 증진.
생물 환경 동아리	자연을 관찰하고 주변 생물을 이해. 지구온난화, 생물종 멸종, 기상이변 등 지구적 이슈와 관련 있는 주제로 사회 교과와 융합해 활동.
탐구 실험 동아리	교과별 다양한 탐구 실험을 하고 실험 기구 사용법, 탐구 실험 설계, 실험 보고서 작성법 등을 배움.
탐구 프로젝트 동아리	학생 수준의 연구 소재를 선정해서 문제를 해결하는 과정을 경험. 지도교사와 전문가의 자문을 받아 창의적 실험을 설계하고 수행.
천문 동아리	주로 망원경을 이용해 천체를 관찰하고, 천문 현상과 우주에 관해 탐구하는 활동.
과학영상 탐구부	최신 과학 관련 영상을 보고 토론하는 활동을 함. 그러한 영상 중 가치가 있거나 이슈가 되는 동영상은 편집하여 공유.
과학프라모델부	과학 관련 프라모델을 조립하고 전시하는 활동.
수학창의부	창의적 문제해결력을 기를 수 있는 활동. 사회에서 접할 수 있는 문제를 수학을 활용하여 창의적으로 해결할 수 있는 솔루션 제공.
수학게임부	보드게임, 컴퓨터 게임, 활동 게임 등을 수학적으로 분석하고 필승법이 있는지 탐구. 수학적 규칙을 활용하여 게임을 만들고 보급.
과학탐구토론부	이슈가 되는 과학주제를 가지고 디베이트 활동.
화학실험부	학교에서 잘할 수 없었던 화학 관련 실험 활동. 실생활에서 자주 접하는 화학적 현상을 실험을 통해 증명.

환경 동아리	환경과 밀접한 관계가 있는 기사나 동영상을 보고 토론하고 환경을 지킬 수 있는 활동을 찾아서 보급.
기술 공작 동아리	모형 항공기 제작, 브레드 보드, 전자 키트 제작, 과학 상자 제작, 로봇 제작
발명 동아리	아이디어 산출, 설계와 디자인, 시제품 제작, 발명 대회 참가, 창의적인 공학 문제 해결 활동.
IT 동아리	웹사이트 제작, 프로그래밍, 모바일 애플리케이션 제작 등 IT 계통 활동을 하며 공모전이나 대회에 꾸준히 참여.
로봇 동아리	로봇 제작 및 프로그래밍에 대한 전반적인 활동.
프로그램동아리	웹 또는 앱 프로그램에 대해 기획하고 코딩하는 활동을 함. 코딩 또는 프로그래밍 제작
건축동아리	건축물에 관련된 도서를 읽고 토론하며, 건축물에 대한 건축학적 평가를 하고, 건축물 모형을 만듦.
드론 동아리	드론을 조립하고 조정하는 활동을 통해 드론 대회에 꾸준히 참여.

➡ 진로활동

학기	일자	주제	담당부서
1 학 기	3월 29일	진로종합검사(1,2학년)	진로진학상담부
	4월 19일	진로종합검사 해설(1,2학년)	진로진학상담부
	⋮		
	8월 23일	전문직업인초청 꿈길탐험	진로진학상담부
	⋮		
	10월 2일	진로체험(1학년)	진로진학상담부
	11월 1일	비전 발표대회	진로진학상담부

학기 중 비전 및 꿈 발표 대회가 학교마다 진로시간을 통해 하는 경우가 많다. 이때, 자신이 희망하는 진로나 목표로 하는 직업에 대해 조사하여 발표할 때 워크넷 (www.work.go.kr), 진로정보망 커리어넷 (www.career.go.kr)을 참고하면 도움이 된다.

또한 진로와 관련된 직업인 초청강의나 TED강연, K-MOOC 강의 등을 활용하여 진로와 관련된 활동을 할 수 있다. 이 부분에서 진로나 전공에 관한 노력을 기울이고 관심을 가져왔는지의 진정성을 드러낼 수 있다. 이때, K-MOOC의 경우 학생부에 직접적으로 기재되지는 않지만, 교과수업과 연계하여 심화 내용을 수강하고 수행평가에 발표하거나, 교내 탐구발표대회 등에 활용하면서 전공 심화 과정을 드러내는 형태로 활용가능하다. 그리고 개인적으로 전공 관련 주제를 선정해 탐구한 내용을 기재하기도 한다.

진로 활동 예 [교내 공통활동 활용]

학년	창의적 체험 활동상황		
	영역	시간	특기사항
1	진로활동	34	희망전공탐색 보고서 프로그램을 통해 자신의 희망학과인 간호학과에 대하여 스스로 진학과 관련한 다양한 직업, 계열, 학과에 대한 정보를 찾아보며 흥미와 적성에 일치하는 진로방향 모색 및 진로계획을 설정해 진로개척 역량을 강화함. 또한 학과 관련 도서인 '장관이 된 간호사(김화중)'를 읽어보며 정보를 수집함.
1	진로활동	43	진로체험의 날 행사에서 ○○과학기술협의회를 선택, 방문하여 전문가로부터 생명공학산업 분야의 미래전망에 대한 특강을 듣고 직업 인터뷰를 했음. DNA 추출 실험을 하면서 이 분야에 대한 흥미를 느끼게 되었다고 체험 보고서를 작성함.
1	진로활동	40	전공탐색독서스터디에서 생명공학 관련 도서('헬스케어 이노베이션', '의학의 역사')를 읽고, 생명공학과 교수를 초빙하여 독서스터디를 진행함. 수업 후 교수에게 개인적으로 찾아가 생명공학 관련 질문을 추가적으로 하는 등 열의를 보임. 이를 통해 미래의 맞춤의료 등 변화하는 사회상에 대해 알게 되었다고 보고서를 작성함. 과학교육원 주관 창의융합형 과학심화캠프에 참여함. 영의 이중슬릿 실험, 아스피린 합성, 효소의 반응속도 측정 등 과학실험을 진행함. 과학 STM, TEM, SEM, XRD 등 첨단 장비를 관찰하고 작동원리 설명을 듣고, 전기영동을 통한 DNA 크기 비교 실험을 해봄으로써 생명 공학자의 탐구 방법이나 생명 현상을 공학적으로 해석하는 방법을 배움.

학년	창의적 체험 활동상황		
	영역	시간	특기사항
2	진로활동	34	사용기간이 지난 선크림을 사용한 후 얼굴에 피부염이 발생하여 화장품 보존재의 역할과 중요성 깨달음. 이러한 경험을 통해 '왜 화장품마다 다른 사용권장기간이 있을까?'에 대한 호기심이 생겨 진로시간을 활용하여 이를 알아봄. 자료조사를 통하여 화장품마다 다른 보존시스템을 가지고 있기 때문임을 알게 되었고, 자신이 사용하고 있는 화장품의 보존시스템을 이루고 있는 보존제 성분을 알아보기 위한 탐구활동을 함. 선크림 2종류, 립스틱, 천연성분을 포함한 스킨, 틴트 총 5가지의 화장품의 성분을 조사하여 화장품의 성분 표와 책(깐깐한 화장품 설명서)과 어플리케이션(화해)을 이용하여 화장품의 보존시스템을 이루고 있는 보존제 성분을 알아봄. 스킨 성분표에서 보존제를 찾을 수 없어 정보가 기재되지 않았던 금은화추출물, 초피나무열매추출물, 할미꽃추출물, 자몽추출물 성분이 방부성분일 것이라 판단하였지만 이에 그치지 않고 정확한 정보를 위해 직접 화장품 회사에 문의를 하는 열의를 보여 이 4가지 식물 성분을 이용한 보존제가 사용됨을 확인함. 잘못된 화장품사용을 바로잡고 화장품 성분에 대한 인식을 변화시키는 계기가 되었으며 이를 게시판에 게시하여 학생들에게 올바른 정보를 제공함.
3	진로활동	12	친구들이 무의식중에 환경호르몬에 노출되는 것을 안타깝게 여겨 환경호르몬에 대한 경각심을 일깨워주기 위해 실험을 기획. '환경호르몬이 동식물에 미치는 영향'이라는 탐주 주제를 선정하고 총 3명의 팀을 조직해 우리 주변에서 흔히 사용되는 나무젓가락, 플라스틱 숟가락, 컵라면 용기, 비닐 등을 물에 넣고 끓여 만든 혼합물로 지도 교사의 허락하에 관찰 실험을 진행함. 혼합물을 물고기와 발아한 무씨에 주면서 동식물의 변화를 기록해 물고기가 빛의 회피반응과 물결에 대한 저항 능력의 감소, 무씨의 발아 길이 감소 및 성장 저하 등의 결과를 도출해냄. 결과를 바탕으로 학교 내 친구들을 상대로 발표를 하며 환경호르몬에 대한 노출을 줄이자고 설득하여 호응을 얻음.

💬 **사회적 이슈, 사건 사고가 담긴 뉴스, 신문 기사 활용하기!**

당해 이슈와 학교 활동을 연결하여 전공적합성을 나타내는 것은 진로에 대한 지속적인 관심을 가지고 있음을 어필하기에 좋은 방법 중 하나이다. 이러한 뉴스 및 기사를 스크랩해서 수행평가 및 보고서의 주제를 선정할 수도 있다.

– 사회적 이슈, 사건 사고 활용 예시

中 유전자 조작 아기 탄생, '제조인간' 시대 도래하나...영화 '가타카'가 현실...
아시아경제 PICK   2018.11.29.   네이버뉴스 ⬀
허 교수의 연구팀은 불임치료를 받던 부부 7쌍에게서 배아를 얻어 연구에 이용해왔으며, 이
는 남방과기대의... 중국 국가위생건강위원회도 실태조사 등을 지시한 상태다. 중국 당국
은 유전자 조작 아기가 실제 탄생한...
ㄴ 중국에서 첫 유전자 편집 아기 탄생...   크리스천투데이   2018.11.29.
ㄴ 中 과학자 "유전자 편집 아기 또 있어"   헤럴드경제   2018.11.29.   네이버뉴스
ㄴ '유전자 편집' 아기 출산 논란에 中...   쿠키뉴스   2018.11.29.
관련뉴스 4건 전체보기 ›

[G기자의 시시각각] 연명의료 결정법 도입 그 이후...존엄사를 선택하는 사람...
쿠키뉴스   3일 전 ⬀
법 시행 후 1년간 많은 환자와 그 가족이 존엄사를 선택했죠? 지영의 기자 ▶ 네. 보건복지
부에 따르면 **법 시행** 후 1년 동안 연명 의료를 유보하거나 중단한 환자는 3만6000명에 이릅
니다. 임종이 임박했을 때 연명 의료를...

진로활동 예 [사회적 이슈와 연계]

학년	창의적 체험 활동상황		
	영역	시간	특기사항
2	진로활동	20	중국에서 유전자 일부를 편집해 '유전자 조작 아기'가 탄생했다는 신문 기사를 유전자 편집기술의 현황 등에 대해 자세히 조사해 보고서를 제출함. 선천적 질환이나 유전병 치료에 획기적 개선법이 될 수도 있는 기술이지만 생명윤리의 관점에서 과연 올바른 것인가에 대해 생각해보는 시간을 가짐. 공학기술, 특히 생명공학기술은 악용될 시 인류에 커다란 재앙을 가져다 줄 수도 있는 만큼, 생명윤리에 대한 확고한 가치관 확립이 필요하다고 밝힘.

고령사회 진입과 존엄사법 시행에 따른 안락사 논의   시빅뉴스   2019.10.01. ⬀
인간으로서 지녀야 할 최소한의 품위와 가치를 지키면서 죽을 수 있는 권리를 담은 '존엄사
법'이 **시행**된 지 1년이 지났지만, 지금까지도 안락사에 대한 뜨거운 논란은 계속되고 있다.
나는 안락사에 대해 찬성이다. 인간은...

학년	창의적 체험 활동상황		
	영역	시간	특기사항
2	진로활동	34	존엄사 합법 시행과 관련해 2018년 도입 이후의 사회인식 변화에 대해 조사해봄. 우선 웰다잉법에 대한 정확한 이해를 위해 안락사를 소극적 안락사와 적극적 안락사로 구분하여 설명한 후 존엄사와의 차이를 비교 분석, 우리나라에 시행되고 있는 연명의료결정법을 설명함. 시행 1년간 3만 명 이상이 연명의료를 유보하는 등 많은 환자와 그 가족이 선택하고 있는 상황에 따라 적극적 안락사의 도입에 대한 여론 형성 등을 설명하며 해외 사례를 비교해 정리함. 생명은 소중한 것이지만, 죽음에 대한 자기결정권을 존중해줄 필요, 제도적 보완이 필요하다고 자신의 의견을 밝힘.

평가 일정 및 평가 방법 확인

과목	지필고사		수행평가			수행비율(%)	계(%)
	중간(서술)	기말(서술)	항목	비율(%)	횟수		
국어	100점(40점)	100점(40점)	가치관과 진로 표현하기	15	2회	50	100
			비판적 읽기와 모의 협상	15	2회		
	25%(10%)	25%(10%)	문법 탐구	15	2회		
			활동 포트폴리오	5	수시		
수학	100점(30점)	100점(30점)	수학 독후감	10	1회	40	100
	30%(9%)	30%(9%)	포트폴리오	30	수시		
영어	100점(30점)	100점(30점)	영어듣기	10	1회	40	100
			저널 쓰기	10	1회		
	30%(9%)	30%(9%)	1분 스피치	10	1회		
			어휘 평가	10	4회		
통합사회		100점(30점)	수업 일지 작성	20	수시	60	100
			프로젝트 1	10	1회		
		40%(12%)	프로젝트 2	15	1회		
			프로젝트 3	15	1회		

통합과학	100점(30점)	100점(30점)	실험과정 평가	20	수시	40	100
	30%(9%)	30%(9%)	프로젝트 학습평가	10	수시		
			연구보고서 평가	10	2회		
과학 탐구 실험			실험과정 평가	40	수시	100	100
			프로젝트 학습평가	30	수시		
			연구보고서 평가	30	수시		

① 국어 수행 – 가치관과 진로 표현하기

생명 윤리 + 진로 목표에 대한 청사진 만들기

궁극적으로 진로를 통해 이루고 싶은 것. 비전 찾기

윤리 관련 책 독서목록 추가, 생명과학 및 의학 관련 책 독서

② 수학 독후감 – 교과 내용과 연계, 심화된 책 선정하기

③ 영어 – 저널 쓰기, 1분 스피치

생명과학 기술에 대한 주제 선정

ex) 유전자 가위기술, 유전자 변형, 동물실험 찬반, 발암물질 포함된 혈압약
및 위장약, 개 구충제 복용, 간호사 업무 환경 개선, 간호사 부정적 인식
개선 방안, 4차 산업 기술과 의학 등등

④ 통합과학 – 진로 관련 실험 및 연구 프로젝트

교과 세부능력 특기사항으로 융합적 지식을 보이자!

구분		세부내용 특기사항
1학년	생활과 윤리	의무론과 공리주의에 대해 차이점과 특징들을 구체적인 예를 들어 발표하고 사회문제에 대해 윤리적으로 접근하는 생활태도를 취하여 윤리적 적응력이 뛰어남. '낙태죄 폐지'를 논제로 한 토론에서 찬성의 입장으로 생명은 소중한 것이지만, 낙태한 여성과 시술의사만을 처벌하는 법을 악용하는 사례가 많고, 태어나지 않은 생명보다는 여성의 자기 운명 결정권이 우선되어야 한다고 논리적으로 주장함. 무엇보다 한부모가정에 대한 사회 인식 개선과 성교육, 그리고 부모됨에 있어 책임감 등을 함양할 수 있도록 지속적인 교육과 캠페인이 필요하다고 덧붙이며 낙태죄 처벌 이전에 사회 구조나 제도에 대한 개선노력이 우선되어야 한다고 주장함.
2학년	윤리와 사상	공리주의의 '최대다수의 최대행복(유용성의 원리)'을 보며 '과연 소수의 희생은 정당화될 수 있는가?' 인간을 위한 동물 실험은 정당화될 수 있는가?'에 대한 의문을 품고 있던 중, 싱어의 '이익 평등 고려의 원칙'을 통해 도가의 이만물. 제물론의 의미와 상통한다는 것을 깨달았다고 함. 듀이의 사상에서 '생물은 끊임없는 성장과 발전을 중시해야 한다.'는 부분을 통하여 자신이 전공하고 싶은 것에 대해 전공서적과 논문을 더 탐구해봐야겠다고 다짐하게 되었다고 함. 듀이를 통해 수동적으로 공부했던 자신의 모습을 반성하며 무엇이든지 능동적으로 해결할 것을 다짐하게 되었음을 발표함.
3학년	법과 정치	교과내용에 이해가 매우 빠르며, 평소 신문기사를 꼼꼼히 읽어 교과 내용과 연관지어 질문하는 경우가 많음. 필기를 성실하게 하는 학생으로 주변 친구들과 학습내용을 공유하는 모습을 보임. 법의 3대 원칙 중, 정의에 주목하고 '생명과학을 이용한 농업 관련 기업의 횡포'를 주제로 발표를 진행함. 몬산토기업의 GMO기술 활용이 독점과 횡포로 이루어지며, 제3국가들의 경제적 종속이라는 결과를 가져왔다는 것에 주목함. 시민단체의 보이콧 운동과 해결책을 탐구하면서 과학기술과 법적 정의가 다수의 평등에 기여해야 한다고 주장함. 또한, 이익집단 사이의 대립을 조사하며 한의사들의 현대 의료기기 사용으로 인한 안전성 여부를 두고 '대한의사협회와 대한한의사협회'의 대립, 간호조무사의 간호사 자격 인정 여부를 두고 '대한 간호사 협회와 대한간호조무사 협회'의 대립에서 논점을 정리하고 정치적, 경제적인 입장을 배제하고 국민의 복지 향상을 위해 대화와 타협이 이루어져야 함을 역설함.

Memo ▶ 의생명계열이지만 사회 과목에서도 생명윤리와 같이 진로에 대한 역량을 드러낼 수 있다.

구분		세부내용 특기사항
2학년	독서와 문법	짝과 조를 이루어 발표하는 모의 수업에 참여함. '민주주의와 자본주의의 상호보완'이라는 글을 맡아 교과서 글을 그대로 사용하지 않고 필요에 따라 재구성하여 청중과의 상호작용이 활발한 발표를 이끌었음. 관련 영상 자료를 구해 청중의 궁금증을 해결해 주었으며 비교, 대조의 글 구조를 활용해 민주주의와 자본주의의 개념을 조리 있게 설명하였고 이들의 상호 보완적 발전사를 질문으로 준비해 수업 분위기를 심화시킴. 진로 관련 독서 발표에 참여해 면역항암제와 관련된 신문 기사를 읽고, 암 세포가 증식하는 과정과 기존의 항암치료의 특징과 부작용에 대하여 언급한 뒤 2018 노벨 생리의학상 수상자인 제임스 앨리슨 교수와 혼조 다스쿠 교수가 밝힌 면역 항암제의 원리와 활용 방안을 추가적으로 설명하는 등 다양한 자료를 수집해 내용을 설명함. 특히 생명공학자로서 항암연구를 통해 건강한 노후의 삶을 제공하겠다는 포부를 밝힘. 이후 암에 대해 추가적인 정보를 수집하기 위해 '암의 스위치를 꺼라(레이먼드 프랜시스)'라는 책을 읽고 자신의 사고를 키우고 관점을 확립함.
3학년	독서와 문법	비문학 독해 능력을 기르기 위해 모둠을 구성하여 모둠원들과 함께 비문학 지문을 읽고 풀이하는 시간을 지속적으로 가짐. 문단의 의미를 알고 문단 중심으로 전체의 내용을 요약하며 서로가 생각을 주고받는 과정에서 논리력과 문제 해결력, 협동심을 기름. 특히, 비문학에서 'a형 인플루엔자가 사람에게 감염되는 경로'를 그림으로 정리해서 보고서를 작성하여 친구들을 이해시킴. 또한 국내의 인플루엔자 관리체계 역사를 찾아보고 아직 세분화된 항원분석이 불가능하다는 한계를 알게 됨. 인플루엔자의 종류가 다양하고 이름이 다른 이유가 궁금하여 '유전자 돌연변이의 종류와 발생하는 원인'에 대한 글을 읽고, 유전자 돌연변이가 세포의 생명활동에서 나타나는 자연발생적 돌연변이와 외부에서 유입된 돌연변이원에 의해 발생한다는 것을 알게 됨.

Memo ▶ 국어 교과는 지문을 이용하거나 찬반 토론, 주제 글쓰기에서 자신의 역량을 드러내자.

구분		세부내용 특기사항
3학년	화법과 작문	'진로희망과 관련된 주제 토의'하기 활동에서 '간호사 인식 개선을 위한 노력'에 대해 대중매체 속 간호사의 부정적 이미지를 조사하고, 개선 방안에 대해 소개함. 몸에 붙는 옷을 입고, 하이힐을 신는 등 실제와 차이가 나는 근무 복장, 의사의 보조역할이나 사건이 일어났을 때 해결능력 없이 무기력한 모습을 보이는 등의 부정적으로 그려지는 경우가 다수 있고, 이런 대중매체 속 모습에 노출된 사람들이 간호사에 대해 부정적 인식을 가질 수밖에 없음을 알고, 드라마나 영화 속에서 간호사를 좀 더 전문직업으로 그린다면 점차 나아질 수 있을 것이라는 해결방안을 제시함. 자신의 진로에 대한 고민과 애정이 전달되는 활동이었음.

구분		세부내용 특기사항
2학년	확률과 통계	모둠별 과제 활동에서 주어진 조건부확률 문제를 해결할 수 있도록 창의적인 아이디어를 제공하였고 해결 과정에서 조원들의 의견을 경청하는 등 적극적으로 참여하는 모습이 인상적임. 수학과 관련된 자유주제 탐구활동에서 '유전과 확률'을 주제로 탐구하여 제출한 보고서가 동기, 과정 및 자신의 소감을 포함한 결론의 형식을 잘 갖추고 있으며 내용 또한 심도가 있어 높은 평가를 받아 연구자로서의 우수한 역량을 보임. 탐구 활동은 생명과학 시간에 배운 지식을 보다 수학적으로 접근하여 탐구할 수 있는 소중한 시간이었으며 수학적 호기심과 통찰력을 기를 수 있는 좋은 계기가 되었고 수학이 다른 학문에서도 핵심적인 요소로써 활용된다는 사실에 흥미를 느끼게 되었다는 소감을 보고서에 표현함. 확률 단원의 순열과 조합 개념을 잘 이해하고 있으며 순열과 조합 관련 문제를 기본 원리를 적용해 쉽게 해결하는 등 문제해결력이 뛰어나고 개념을 단원별 흐름에 따라 잘 정리하는 능력이 인상적이고 여러 문제를 알고리즘적 사고력을 바탕으로 분석하고 다양한 전략을 찾아내어 문제를 해결하는 수학적 사고력과 수업에 대한 집중력이 남달라 많은 발전이 기대됨.
3학년	수학연습 II	수행평가에서 '수학이 의료기기에 미친 영향'이란 주제로 보고서를 작성함. 타원의 정의를 활용한 '신장결석 파쇄기'의 원리를 조사하여 정리하고, 공간좌표를 이용한 '3D 프린터'의 원리를 정리함. 3D이미지를 한 층 한 층 출력하는 원리로 만들어지는 '3D 프린터'의 원리를 무–쌈무–포개진 쌈무의 예를 들어 설명하고, 의학 분야에 활용된 예로 기형아 아기 얼굴 복구 등을 조사함. 수업시간 태도가 좋은 학생으로서 수학 자유 주제발표 활동에서 감각의 세기는 자극의 로그에 비례한다는 베버–페히너의 법칙에 대해 소개함. 자극의 강도를 더해감에 따라 감각의 증내율은 점차 약해진다는 것을 이해하고 이를 집중력과 가중관성에 활용하여 처음에 엉덩이 붙일 때는 엄청난 의지력이 필요한데 습관이 되면 덜 힘들다는 것을 파악하고 앉아있는 습관을 기르도록 노력하자고 쉬운 예를 들어 설명함.

Memo▶ 수학교과는 전공과 연계도 가능하지만 수업과정에서 인성의 부분을 어필할 수도 있다.

구분		세부내용 특기사항
3학년	기하	평소 해답지를 보지 않는 습관을 가지고 있으며, 자신만의 방법으로 문제를 풀어나가려고 노력함. 평면 백터의 성분과 내적 단원에서 무게중심을 이용하여 학생들이 생각하지 못했던 창의적이고 간단한 풀이를 소개하는 등(2018.03.16.) 단원내용에 국한하지 않고 여러 방법으로 문제를 풀어내어 박수갈채를 받음. 벡터가 방향과 크기를 가짐으로써 갖는 장점을 이해하고 벡터의 예시로 쌍극자 모멘트로 극성분자와 무극성분자를 잘 설명한 점이 돋보임. 발표를 통한 문제풀이 시간에 친구들의 발표를 잘 경청하며 틀린 부분이나 조금 더 쉬운 풀이를 찾아내어 설명을 해줌. 또한 발표 시 학생들의 주의를 이끄는 흡입력이 있으며, 알기 쉽고 깔끔하게 잘 설명함.

2 학 년	미적분	하브루타를 이용한 모둠수업에서 멘티가 성취도와 의욕이 부족하여 모둠활동 참여가 저조함을 보고 이를 포기하지 않고, 끝까지 붙들고 앉아 이해시키기 위해 이런저런 다양한 방법으로 설명하고 단순한 해법이 아닌 원리를 생각하며 설명하려는 노력을 기울여 동료평가에서 인내심과 끈기가 대단하다는 평가를 받았으며, 자신의 수학적 능력의 향상도 보였음. 다양한 초월함수들에 대한 학습 과정 중, '삼각함수의 그래프와 방정식의 해 구하기'란 주제를 선정, 수학 소프트웨어 GeoGebra를 이용하여 보고서를 작성함. 공학용 도구를 활용해 함수의 그래프를 분석하고 결과를 이용하여 함수그래프 작도법의 개선 방안을 모둠원들에게 설명함. 주어진 문제를 변형하거나 새로운 문제를 만드는 등 문제해결능력과 수학내적 연결능력이 우수할 뿐만 아니라, 수업시간에 활용하는 학습 자료와 과제들을 성실한 자세로 해결하는 등 학습 열의가 높으며 이해하지 못한 수학개념은 지속적인 질문과 연습을 통해 완전히 이해하고자 노력함.

구분		세부내용 특기사항
2 학 년	영어회화	과학적 호기심을 가지고 스스로 질문을 만들어 탐구하는 모습이 친구들의 좋은 귀감이 됨. '염증반응의 긍정적 영향'에 대한 지문을 읽고 부정적인 영향을 찾아봄. 만성 염증이 심장마비, 뇌졸중, 알츠하이머 환자의 뇌신경 세포를 파괴할 수 있으며, 암세포 형성을 촉진할 수 있다는 내용을 영작하여 발표함. 또한 '잘해야 한다는 부담감은 자기가 자기 자신에게 지우는 것'과 관련된 지문을 읽고 입시에는 약간의 부담감이 학업에 대한 긴장과 목표달성에는 도움이 되지만 대학에서는 편안한 마음으로 목표 달성에만 매진하겠다는 자신의 생각을 말함. 지문을 읽고 핵심내용을 파악하는 능력이 뛰어남. 또한 내용상 대립관계, 관점의 차이를 관계도로 정리하여 한눈에 파악할 수 있도록 공부하며, 숙어는 본래의 뜻을 가지고 유추해보는 등 생각하는 공부를 실천하는 학생임. 질문하는 내용이 추론과 의구심에서 출발하는 수준 높은 것들로, 문어체와 구어체의 혼용으로 인해 문법 부분에서 생기는 의문 사항들을 질문하여 자신이 헷갈리지 않고 정확하게 알아가는 것이 인상적임. 상당한 수준의 영어능력을 가지고 있어 대학에 진학하여 무리 없이 원서를 볼 수 있는 실력을 가지고 있다고 판단됨.
2 학 년	심화영어	수업활동에 늘 적극적으로 참여하고 과제활동에 성실히 참여함. 화학이나 생명공학 및 의약품 분야와 관련된 지문에 대한 호기심이 많고 실제 영어 프레젠테이션 활동에서 화학합성 의약품과 바이오 의약품을 소개하고 바이오 시밀러와 제네릭 의약품의 차를 비교하여 상세히 영어로 설명함. 어려운 영어 표현이 많음에도 가급적 쉽고 이해가 용이한 문장구조를 최대한 활용하여 최대한 영어로 설명하려 노력함. 아울러 의약품 저작권 20년 이후 모방약의 생산 가능이 점차 상승하고 있는 한국 제네릭 의약품 소비 비중, 세계 바이오시밀러 시장 확장 추세와 함께 국가적 투자 및 개선의 필요성을 영어로 설명함으로써 급우들이 의약품 산업에 관심을 갖도록 유도함. 학기말 과제인 영문 에세이에서는 대표적인 환경오염 질환인 일본의 미나마타병을 소개하고 국민의 건강한 삶을 지키기 위한 환경보호의 국가적 책무성을 주제로 평소 학습했던 영어 표현을 적극 활용하여 작성함.

Memo ▶ 다양한 영어 지문 속에서 진로 관련 탐구 학습을 진행하고, 영어 학습 역량을 높이자.

	구분	세부내용 특기사항
2학년	생명과학 I	'TED' 절대 늙지 않는 세포의 과학적 비결을 시청하고 텔로미어와 텔로머라아제에 대해 알게 됨. 자료 조사 중 논문 '노화촉진마우스의 텔로미어 함량분석'을 정리하여 발표하고 해당 분야의 전문가가 된 것을 가정하여 텔로미어의 길이와 마우스 연령과의 상관관계를 통해 텔로미어와 노화와의 관계를 확인하게 되었다는 강연을 하고 토의함. 혈액형판독, 혈구관찰, 혈구계수기를 이용한 실험을 수행함. 혈액 내 적혈구의 수치를 계산할 때 실제 값과 오차가 있었지만 토의를 통해 계산을 수정하며 끈기 있게 과학적으로 분석하는 태도를 보임.
2학년	생명과학 I	자기 주도학습능력과 수업 집중력이 뛰어나고, 새로운 과학 개념은 이해될 때까지 끈기 있게 질문을 하는 적극적이고 성실한 학습 태도가 돋보이며 문제 분석 능력과 적용력이 탁월함. 탐구 활동에서도 탐구 과정에 대한 수행 능력과 이해력이 뛰어나며 친화력과 리더십이 뛰어남. 테스토스테론의 돌연변이형 호르몬인 디하이드로테게인 외 판토가, 크레시나, 드로잔 등을 탐구하여 탈모를 막는 다양한 방법과 생화학적 기전을 학습함.
3학년	생명과학 II	세포막 구성 성분인 인지질의 특성을 이용하여 만들 수 있는 인공적인 작은 주머니가 리포솜이고 리포솜이 활용될 수 있는 분야에 대한 자신의 생각을 발표함. 효소의 활성에 영향을 미치는 요인을 알아보는 실험에서 감자즙의 카탈레이스에 의해 과산화수소가 물과 산소로 분해되는 화학반응식을 정확하게 제시하고 pH에 따른 카탈레이스의 활성을 측정하는 실험과정에서 예측한 것과 다른 결과임에도 관찰한 대로 결과를 기록하고 모둠원들과 실험의 실패요인을 찾고 다시 실험을 수행하는 적극성을 보임. 진핵세포에서 전사 단계가 유전자 발현 조절의 중심 단계임을 설명할 수 있음. 진핵세포의 유전체인 DNA는 히스톤 단백질과 함께 뉴클레오솜이라는 응축된 구조를 가지고 있고 다양한 효소에 의해 조절되어 이에 의해 유전자 발현이 조절됨을 주변 학생들이 이해하기 쉽게 설명. 유전자 발현과 관련된 최신의 연구동향 중 암의 발병과 관련하여 후성유전에 대해 관심을 가지고 DNA 메틸화, 히스톤 변형, 마이크로 RNA 등의 작용에 대해 심화 학습 후 암의 발병 원인과 조기 진단법에 대해 조사 후 보고서를 작성함.

Memo 과학 교과에서 자신의 진로 역량을 뽐내자.

	구분	세부내용 특기사항
2학년	생명과학 II	세포와 물질대사 단원 공부 후, '아폽토시스'에 대한 친구 발표를 경청하고, '암세포가 왜 아폽토시스에 이상이 생기는가?', '괴사와 아폽토시스의 차이점?', '아폽토시스와 텔로미어가 짧아지는 것의 차이점?' 등 예리한 질문을 던지고 토의함. 삼투현상 공부 후, 등장액, 고장액, 저장액 따른 동물, 식물세포의 구조적 변화를 논리적으로 설명하고, '역삼투'와 '해수 담수화 기술'에 대해 조사하여 발표함.

		미생물에 관심을 갖고, '발효작용'과 발효의 다양한 분야 활용에 대해 조사함. '나는 부엌에서 과학의 모든 것을 배웠다', '나는 발효화장품이 좋다' 등 도서를 찾아 읽는 등 교과 공부 내용을 독서활동을 통해 심화 확장, 발효화장품의 역사 장점에 대해 과학 글쓰기 활동함. 발효과학과 발효기술에 관심을 나타냄. 형질전환 에이버리 실험과정에서 DNA와 RNA 구조가 비슷한데 RNA분해효소가 RNA만 분해하는 이유에 대해 궁금해하고 도서를 찾아 조사. DNA복제과정을 공부하고 선도가닥과 지연가닥의 복제 차이와 프라이머가 RNA라는 점을 파악해 차분하게 발표함.
	생명과학 실험	실험 활동 '감자 세포의 삼투압 측정'에서 감자 세포의 물 농도를 측정하고 반트호프 방정식을 이용해 감자 세포의 삼투압을 정확히 계산해냄. 이 과정에서 세포 사이에 물 이동의 주된 원동력이 삼투현상이며, 물질이동 방식에는 ATP 소모 유무에 따라 능동수송과 수동수송으로 구분되고 수동수송에는 확산과 삼투현상이 있다는 것도 자세히 비교 설명함. 감자세포의 삼투압을 보다 정확하게 측정할 수 있는 방법에 대해 고민함. 농도가 진한 용액 위에 높은 압력을 가해주면, 용매가 진한 용액에서 묽은 용액으로 이동하는 역삼투 현상이 나타남을 실용화되고 있는 각종 과즙의 농축을 예로 들어 설명함. 탐구심이 유달리 돋보이며, 실험 활동을 즐거워함.
		'pGLO 박테리아 형질전환' 실험에서 아라비노스가 있는 배지에서 형질 전환이 잘 된다는 것을 알게 됨. UV램프로 확인할 수 있는 실험에 대해 추가적으로 조사하는 열정을 보임. '생물 실험서(전북대학교)'를 읽고 형질전환을 이해하기 위해 분자단위의 매커니즘을 이해할 필요성을 느끼고 '분자생물학 : 유전체와 단백질체의 구조와 동역학(권혁빈)'을 읽을 정도로 지적 호기심이 높음. 추가적으로 형질전환이 생명공학에서 사용되는 예시까지 조사하여 친구들을 이해시킴.

화학		
구분		세부내용 특기사항
2 학 년	화학l	'원자모형의 변천과정'이라는 주제로 미니 북을 제작하고 화학의 기초를 다지는 기회를 스스로 가짐. 이 과정에서 러더퍼드의 알파 입자 산란실험과 관련된 내용을 시로 표현하고 친구들 앞에서 낭송하며 큰 호응을 얻음. 또한 '화학반응식'에 대한 하브루타를 통해 문제를 해결해나가며 배려심이 깃든 의사소통능력을 기름. 물의 전기분해 실험을 위해 사전에 교과서를 분석하여 전기분해에 대한 자료를 찾고, 팀원과 함께 토론 및 토의를 통해 지식을 공유하면서 자기주도적으로 문제를 해결해나감. 특히 탐구 수행 과정 중 팀장으로 팀원들의 의견을 귀담아 듣고 정리할 뿐만 아니라, 팀에서 논의되고 있는 문제나 의견을 팀원들에게 정확히 전달하여 과제 수행을 원활하게 하는 리더십을 보임.
		관찰한 결과 보고서를 통해 정리하여 생성된 기체의 부피 비를 팀원들에게 정확히 전달하여 과제 수행을 원활하게 하는 리더십을 보임. 관찰한 결과 보고서를 통해 정리하여 생성된 기체의 부피 비를 팀원들이 이해하기 쉽게 설명하였으며, 탐구 수행이 끝난 후, 물의 역반응인 전기 분해를 통한 연료전지까지 직접 만들어 보며 화학에 대한 관심과 흥미를 높임.

3 학 년	화학II	주제 탐구 활동으로 화학반응 속도를 변화시키는 촉매의 작용 메커니즘에 대해 의문을 가지고 반응속도와 촉매를 주제로 활성화 에너지 관점에서 발표함. 폼산의 분해과정을 예로 들어 촉매의 작용을 설명하는 영상을 제작함으로써 친구들의 이해를 도왔으며 효소의 작용, 특징, 종류, 활용 예시를 설명하는 보고서를 작성함. '케미컬라이프(강상욱, 이준영)'를 읽고 화학 물질을 정확하게 알고 사용해야 하는 이유를 학습함. 곤충의 생물학적 특성을 이용한 DDT살충제를 조사하고 살충 원리와 분해 과정에서 DDT가 환경에 미치는 부정적인 영향을 소개함. DDT를 대체할 수 있는 친환경 살충제를 조사하고 화학농약의 폐단을 설명하였으며, 화학농약을 대체하는 식물호르몬을 기반으로 한 약과 천적을 이용한 해충 퇴치법 관점에서 보고서를 작성함. 오레가노 오일과 같은 천연 항생제를 조사하여 보여주는 등 호기심이 많고 궁금한 점을 끝까지 탐구하는 열정이 있음.

구분		세부내용 특기사항
3 학 년	화학II	의약품 개발 단원이 흥미로워 별도로 공부함. 그 과정에서 감마선을 통해 암을 치료하는 값 비싼 장비 대신 주목에서 추출한 탁솔 성분으로 항암제를 만들어 유용하게 사용하는 것을 알게 됨. 천연 약재를 신약 개발에 이용하는 것과 같이 신약 개발 과정에 활용 가능한 유용하고 효율적인 시스템이 없을까 호기심이 생김. 미세 먼지 교육 이후 자율적으로 실시한 대기 오염에 따른 토양 오염 정도 측정을 통해 신약 개발이 환경에 악영향을 주는 문제를 인식하였고 꾸준히 조사한 결과 녹색 화학에 대해 알게 됨. 녹색 화학이 나타나게 된 흐름, 원이 된 오염, 녹색화학의 기본원리 등을 조사하여 녹색 화학에 대해 보다 깊이 탐구함. 생분해성 바이오 플라스틱, 나노기술 등의 실천 사례를 찾아봄. 또한, 최근에 고혈압 약 원료로 사용된 발사르탄에 발암 가능 물질이 발견되어 금전적인 피해와 폐의약품 수거가 우려되었는데 녹색 화학에서 추구하고 있는 오염을 방지하고 재생 불가능한 자원의 소비를 감소시키면 이러한 현상을 사전에 예방할 수 있다는 신약 개발의 새로운 자세를 제시함. 이를 계기로 신약개발 연구원으로서 가져야 할 자세와 가치관에 대해 다시 한 번 정리하였고 뚜렷한 목표의식을 함양하게 됨.
	고급화학	수업시간에 실시한 주제탐구발표에서 화학1에서 배운 탄화수소의 개념에서 확장하여 '고분자 화합물'에 대해 조사하고 이를 프레젠테이션을 활용하여 학생들에게 설명함. 고분자의 정의, 종류 및 화학공학과 생명공학 분야에 활용되는 예를 동영상과 함께 제시하여 학생들에게 쉽게 이해시키고자 노력함. 발표를 준비하며 생명공학 분야에 합성고분자가 약물의 부작용을 줄이거나 약물전달복합체 제조에 사용된다는 것을 새롭게 알게 되었고 환경호르몬 발생과 같은 문제점을 가지고 있음을 인식하게 되는 계기가 되었다고 함. 화학1에서 공유 결합을 학습하면서 배위 결합에 관심을 갖고 있어 배위화합물의 주제로 발표함. 전이 금속과 배위 화합물의 분자식을 통해 착이온과 리간드, 상대 이온의 정의를 설명하였고 전이금속의 배위수에 따른 화합물의 구조를 모형과 함께 체계적으로 분류함으로써 이해를 도움.

혈액이나 엽록체 등 생명체의 필수적인 부분이 배위화합물로 이루어져 있다는 사실을 소개함으로써 친구들이 배위 화학에 관심을 갖는 계기를 마련함. 주제를 중심으로 관련 내용을 체계적으로 정리하여 일목요연하게 발표하는 능력이 뛰어남.

구분		세부내용 특기사항
1학년	기술가정	미래 사회의 유망한 기술 IT, BT, NT, ET 등에 대하여 정확히 이해하고 있음. 그 중에서도 BT(Bio Technology)에 대한 깊은 이해와 생명 연장 기술과 유전자 편집 기술로 더 폭넓게 활용될 것을 예상하고 그와 관련된 진로를 구체화하는 보고서를 작성함. 미래 사회의 기술과 자신의 진로에 대한 관심도가 매우 높음. 미래 기술의 양면성에 대한 내용을 정확히 인지하여 기술의 오, 남용에 대한 내용을 정확히 인지하고 있음.
	철학	인문학적 소양이 남달라 고대에서부터 현대에 이르기까지 동서양의 대표적인 철학자들의 핵심사상을 알고자 노력하였으며 이러한 사상을 기반으로 철학사에 등장했던 다양한 딜레마와 현대 사회에 나타나는 다양한 현상들에 대한 철학적 이해에 접근하고자 함. 특히 과학탐구 주제를 '법과 정의'로 선정하고 EBS 다큐프레임을 통해 '정의의 오랜 문제', '어떻게 나눌 것인가' 등에 대해 깊이 있게 생각하고 아리스토텔레스, 벤담의 공리주의, 롤스의 정의론 NIE논술에서는 칸트의 의무론적 윤리설과 벤담의 공리주의 입장에서 바라본 인간배아의 존엄성과 생명권의 문제들 논란의 여지가 있는 주제들로 논술할 때 생명과학기술이 인간의 질병예방 및 치료 등을 위하여 개발 이용될 수 있음을 근거로 제시하며 공리주의적 관점, 즉 목적론적 윤리설의 입장에서 자신의 의견을 설득력 있게 논술하고 발표함.
3학년	과학융합	주제 탐구 활동 발표에서 파스퇴르의 과학적 업적과 사회적 공헌을 친구들에게 소개하기 위해 '프랑스인이 가장 좋아하는 과학자, 파스퇴르'를 주제로 선정함. 광견병 백신과 저온살균법을 조사하여 파스퇴르가 생물학에 기여한 바를 친구들에게 설명함. 발표에 집중할 수 있도록 파스퇴르의 광견병 백신으로 살아난 소년의 일화를 소개한 점이 돋보임. 영상 매체를 활용해 파스퇴르가 조국 프랑스를 위해 한 헌신적인 행동들을 소개하며 그의 됨됨이를 본보기로 삼아 자신뿐만 아니라 사회를 위해 힘쓰는 과학도가 되겠다는 포부를 밝힘. 인간의 모든 정신활동에 수반되는 언어가 문학과 과학에서 사용되는 방법의 차이점에 의문을 가지고 '문학과 과학에서 사용되는 언어'를 주제로 보고서를 작성함. 특정 단어가 문학적 기술과 과학적 기술에서 다르게 사용되는 예를 제시함으로써 문학과 과학에서의 언어 사용의 중요성을 강조함. 문학 속에서 과학이 사용되는 사례를 조사하는 등 융합적인 관점에서 연구하는 모습이 돋보임.

Memo > 다양한 교과를 활용하자.

나만의 진로 로드맵

➡️ 나의 진로는?

➡️ 목표 학과는?

구 분	1학년	2학년	3학년
자율활동			
동아리활동			
봉사활동			
진로활동			
진로독서			

오늘날 우리 사회의 바람직한 의사상(醫師像)을 도출할 수 있어야 하고,
보건의료 문제들이 어떻게 해결되어 왔는지를 검토함으로써
보건의료 문제의 특성을 파악하고 해결하는 능력을 배운다.

PART
2

의학계열
진로 사용설명서

대학에 들어가서
수강하는 과목

의학에서 수강하는 대표 과목은?

➡ 세포생물학

세포의 형태, 구조, 기능, 대사 등 세포의 전반에 걸친 여러 가지 문제를 광범위하게 다루며 제반 현상을 현대 생물학적 관점에서 배운다.

➡ 의학개론

의학의 개념과 역사를 과거와 현대에 있어서 조명하고 인간과 환경, 인간의 생물학적 측면 등 생명론의 이해, 건강과 질병 및 의료와 사회와의 관계 등에 대해 배운다.

➡ 의사학

고대부터 현재까지 의학과 의술이 발전해온 과정을 학습함으로써 가)현대의학의 역사적 특성을 파악할 수 있어야 하며, 나)각 시대 의료인들의 모습을 여러 측면에서 논의함으로써 오늘날 우리 사회의 바람직한 의사상(醫師像)을 도출할 수 있어야 하고, 다)보건의료 문제들이 어떻게 해결되어 왔는지(또는 못했는지)를 검토함으로써 오늘날 보건의료 문제의 특성을 파악하고 해결하는 능력을 배운다.

➡️ 생명윤리

의료윤리의 중요한 문제들인 안락사, 인공임신중절, 배아 복제, 의사환자 관계 등을 철학과 윤리학을 배경으로 해석하며 토론하고 판단할 수 있는 능력을 배운다.

➡️ 해부학

인체에 대한 육안해부학적 지식을 등, 팔, 머리, 목, 가슴, 배, 골반 및 다리 등에 대해 국소해부적으로 접근, 학습함으로써 인체 각 부위의 정확한 기술 능력을 기르며, 임상과 관련된 인체의 구조와 기능을 배운다.

➡️ 의학유전학학

유전학의 태동 발전과정, 기본 용어, 고전적인 유전법칙, 유전물질의 성상, 집단유전학의 입문적 내용 등을 배운다.

➡️ 의료정보학학

인공지능의사를 활용한 의료정보검색과 의학적 판단 검증, Medline을 통한 정보검색 및 Database 구축에 관해 실습 강의를 통해 배운다.

의예과 2년, 의학과 4년, 총 6년 과정인 의과대학을 졸업 후 의사국가고시에 합격해야 의사면허가 주어진다. 그 후, 인턴과정 1년, 레지던트과정 4년을 거쳐 전문의 자격시험에 합격하면 각 전공 분야별 전문의사가 된다. 의학은 인체의 구조나 조직, 기능, 질병의 원인 등을 연구하는 기초의학, 직접 질병을 진단하고 치료하는 것을 연구하는 임상의학, 질병예방 및 체력증진 등을 연구하는 사회의학으로 나눌 수 있다.

Q 장애가 있어 몸이 불편한데 의사가 될 수 있나요?

A 어느 의사는 정형외과 레지던트 2년차 때 사고로 인한 척추신경 손상으로 하지마비 장애를 입었습니다. 이후 국립재활원에서 재활치료를 받으면서 자신처럼 비슷한 장애를 가지고도 당당하게 살아가는 환자들을 보며 그들의 재활을 도와주는 의사가 되고 싶다는 의지로 노력하여 국립재활원 공공재활의료 과정으로 부임한 사례가 있습니다. 그동안의 힘든 경험이 환자들의 다친 몸과 마음을 이해하는 의사가 되는 데 도움이 될 수 있다면 장애는 문제가 되지 않습니다.

이승복 박사는 체조선수를 꿈꾸며 운동을 하다가 낙상해서 18세 때 평생 하반신 마비로 지내야 한다는 이야기를 듣고 뉴욕대 병원에서 재활과 SAT준비를 10년 동안 하면서 콜롬비아 의대에 합격해서 현재 존스홉킨스대 재활의학 수석 전문의로 활동하고 있습니다. 수많은 고통이 있었지만 자신의 희망을 꺾을 수는 없었다고 육신의 장애는 아무것도 아니라고 말하면서 오히려 마음속의 장애에 갇히는 것이 더 무서운 일이라고 말했습니다.

Q 법의학자가 되고 싶은데 어떤 준비를 해야 하나요? 검시제도에 대해서 알려주세요?

A 법의학자가 되기 위해서는 의사 자격증을 취득한 뒤, 레지던트 과정에서 병리학 전문의 자격증을 취득한 다음 일정 기간 동안 법의학교실과 국과수 중앙법의학센터에서 수련과정을 거치고 국립과학수사연구원에서 일할 수 있습니다. 법의학교실이 있는 대학으로는 가톨릭대, 건국대, 고려대, 경북대, 부산대, 서울대, 연세대, 을지대, 전남대, 한림대 등이 있습니다.

미국에는 11개의 법의학 연구과정이 있습니다. 서던뉴햄프셔대학, 자비어대학, 메트로폴리탄 커뮤니티 칼리지 펜 밸리 캠퍼스, 컨커디아대학 세인트

폴 캠퍼스, 스토니브룩대학, 드렉셀대학, 볼리네임대학, 인터내셔널커리어인스티튜트, 서니 알프레드 주립컬리지, 뉴립시립대 존 제이 응용범죄대학, 오하이오 주립대학이 있습니다.

세계의 검시제도는 크게 영미법계의 겸임검시제도와 대륙법계의 전담검시제도로 나눌 수 있습니다. 대한민국의 경우 일본의 검시제도의 영향을 받아 대륙법계의 겸임검시제도를 채택하여 영국 등 영연방국가들, 미국 등의 나라에서 시행되고 있는 검시는 검시관(coroner) 혹은 법의관(medical examiner)이 전담하는 특징이 있습니다. 검시관은 의사가 아니며, 검시의 책임자지만 실제 검시는 의사(대부분은 대학의 병리학자)에게 의뢰하게 됩니다. 법의관은 의사이고, 병리학과 법의병리학을 전공한 전문의입니다. 검시관 제도는 영국 및 여러 영연방국가와 미국의 일부 주에서 시행되고 있고, 법의관 제도는 미국에서 시행되고 있습니다. 겸임검시제도에서 검시의 책임자는 대개 검사이며, 대한민국에서도 검사가 검시권을 가집니다.

Q 질병의 원인이 직업과의 상관관계를 조사하는 작업환경의사에 관심 있어요.

A 최근 몇 년 사이에 일선 병원들과 건강검진 업체들이 산업현장 근로자를 대상으로 진행되는 특수 건강진단을 직업환경 전문의만 가능하게 하여 그 인기는 커지고 있습니다. 당장 산업체를 대상으로 한 특수 건강진단을 하기 위해서는 직업환경의학과 전문의부터 채용해야 하는데 직업환경의학과 전문의가 임금이 더 높은 곳을 찾아서 이동하면서 해당 의료기관들은 그들을 붙잡기 위해 혹은 다른 병원의 의료진을 영입하기 위해 높은 몸값을 치르고 있습니다.

특수건강검진 대상자는 유기화합물, 금속류, 산 및 알칼리류, 가스성 물질류 등 매우 다양하며, 특수건강진단기관은 2014년 165개소였지만 2018년

3월 현재 234개소로 100개 가까이 늘어나서 작업환경전문의 몸값은 자연스럽게 상승하게 되었습니다.

 의학과 모집인원과 병원이 어느 곳에 있는지 알려주세요.

Ⓐ

구분	모집인원	비교
서울대	139	서울대학교 병원, 분당서울병원, 보라매병원
연세대	112	연세대 세브란스병원, 강남세브란스, 용인세브란스
가톨릭대	65	여의도 성모병원, 서울성모병원, 성빈센트병원 등 전국에 많은 성모병원이 있어 교수 임용률이 높다. 가톨릭중앙의료원 레지던트 수용률 60% 정도
성균관대	40	강북삼성병원, 삼성서울병원, 창원삼성병원 전원장학금, 삼성서울병원 인턴 수용률 70% 정도
울산대	40	서울아산병원(송파, 용산), 정읍/보성/보령/영덕/홍천/강릉아산병원, 전액장학금, 서울아산병원 레지던트 수용률 80%
고려대	108	고려대안암병원, 고대안산병원, 고대구로병원
한양대	110	한양대병원, 구리한양대학교병원
경희대	77	경희대학교병원, 강동경희대학교병원 양한방 협진서비스 제공
아주대	41	아주대학교병원
중앙대	86	중앙대학교병원
한림대	78	평촌, 강동, 강남, 한강 등 6곳의 부속병원, 동탄 성심병원 위치는 춘천
순천향대	97	서울순천향대병원(용산), 부천/천안/구미순천향대병원
이화여대	53	이화여대부속 목동병원, 이대서울병원(마곡)
인제대	95	부산 해운대 백병원외 서울중명/서울노원상계/경기고양/부산진개금백병원
경북대	76	경북대학교병원, 칠곡경북대학교병원
연세대원주	95	원주기독병원이 모병원, 매년 60% 세브란스로 진출
인하대	35	인하대부속병원
을지대	42	대전거점 의대, 강남을지대병원, 서울을지병원, 대전을지병원, 의정부을지병원

가천의대	28	인천길병원, 양한방협진 가능, 국내 최초 국가지정 권역외상센터 선정, 국가지정 지역 암센터 지정, 인공지능의서 최초 도입
충남대	80	충남대학교병원, 세종충남대학교병원
전남대	125	전남대학교병원, 전남대화순병원, 빛고을전남대병원
단국대	40	단국대병원
전북대	77	전북대학교병원
영남대	77	영남대학교병원, 영천부속병원 노발리스 암치료기 도입 지역암전문병원
동아대	49	동아대학교병원
가톨릭관동대	49	인천국제성모병원이 모병원, 3년간 인천에서 공부
계명대	79	대구동산병원, 경주동산병원
고신대	76	고신대학교병원,
조선대	86	조선대학교병원
충북대	50	충북대학교병원, 오송생명단지와 협업 의학연구정보센터
원광대	81	원광대학교병원, 원광대학교 산본병원
경상대	55	경상대학교병원, 경남지역암센터, 창원경상대학교병원
대구가톨릭	42	대구가톨릭대학병원, 칠곡가톨릭병원
건양대	51	대전메디컬캠퍼스대학병원

Q 대학병원에서 다양한 기초의학 연구도 지속하고 있는데 어떤 연구가 진행되는지 알고 싶어요.

A 보건복지부지정 연구중심병원에서 관련된 연구를 자세히 알 수 있습니다.

대학명	주요 연구 분야 및 기술
가천대	– 노인성 뇌질환(치매, 뇌졸중, 파킨슨병) – 대사성 질환(비만, 당뇨, 고지혈증)
경북대	– 대성성 질환 – 심뇌혈관질환 – 암진단 치료 – 생체조직, 장기재생

고려대	– 의료기기 진단(감염, 면역, 암, 심혈관) – 백신(감염, 면역) – 환자 맞춤형 치료제(근골결, 암, 심혈관) – 유전체(암, 유도만능줄기세포, 성체줄기세포) – IT융합
성균관대	– 뇌신경질환 – 심장뇌혈관질환 – 유전체 기반 맞춤의학 – 의공학 – 장기이식 및 줄기세포 재생의학
서울대	– 뇌 신경과학 – 대사 염증 – 융합의료기기 – 암 – Biotherapeutics(치매, 뇌졸중, 파킨슨병)
연세대	– 뇌신경인지 – 심뇌혈관질환 – 대사성질환 – 면역/감염 질환 – 의료기기/IT – 줄기세포 / 재생의학 – 암
울산대	– 세포치료 – 의료기기 – 빅데이터 – 신약개발지원(5대 항암/감염성/노인성 중증질환신약, 분자영상 기술개발)
아주대	– 뇌혈관질환 – 난청 – 골관절염 – 노인정신질환 – 면역질환(알레르기, 자가면역, 피부면역질환)
차의과학대	– 줄기세포를 이용한 난치성 질환극복 – 차세대 호발 질환 진단/ 치료기술 개발 및 상용화

💬 의학과에 알맞은 적성 및 흥미

생명과학, 화학 등 기초 과학에 대한 관심과 흥미가 필요하며, 전문 의사는 진단을 내리기 위한 논리적 분석능력과 위급한 환자에 대한 빠른 판단력과 치료 결과를 의학적으로 분석할 수 있는 분석력이 요구된다. 또한 투철한 사명감과 성실함이 필요하며 환자에 대한 세심한 배려와 설명을 해주는 능력이 요구된다. 일의 특성상 생명을 다루기 때문에 책임감이 필요하다.

💬 관련 국가 자격

국가자격 : 의사 면허[전문의 분과 : 내과, 외과, 정형외과, 흉부외과, 신경외과, 소아청소년과, 산부인과, 안과, 이비인후과, 피부과, 비뇨기과, 신경과, 정신건강의학과, 진단검사의학과, 영상의학과, 방사선종양학과, 마취통증의학과, 병리과, 예방의학과, 재활의학과, 결핵과, 성형외과, 가정의학과, 응급의학과, 핵의학과, 작업환경의학과]

💬 졸업 후 진로 및 취업

의사	기초의학연구원	국립암센터연구원
국립과학수사연구원	인공지능의사 연구원	로봇수술 연구원

치의학에서 수강하는 대표 과목은?

➡️ 구강생화학

치과영역에서 만날 수 있는 다양한 생화학적인 기전과 함께 질병에 대한 기본적인 기전을 연구함으로써 치과 분야의 기본적인 지식과 이를 이용한 과학적 접근방법을 배운다.

➡ 구강조직학 및 실습

치아를 구성하는 조직인 법랑질, 상아질, 백악질 및 치수와 치아 주위 조직인 치주인대, 치조골, 치은의 발생기전과 정상조직의 현미경적 구조에 대해 배운다.

➡ 치아형태학

치아 개개의 형태 및 배열을 공부하는 과목으로서, 치아교합을 이해하는 데 바탕이 되며 나아가 보철, 보존학 등의 임상과목에 앞선 기초지식을 배운다.

➡ 치과미생물학개론

치의학과 관련된 구강미생물학의 기초를 습득함으로써 구강질환의 발병 및 양상의 기초를 배운다.

➡ 치과생화학

유전정보의 흐름을 근간으로 하여 생명현상의 화학적 기전을 이해하고 생명체를 구성하는 물질의 특성과 이 구성 물질이 대사되어 여러 가지 생명현상과 질병을 일으키는 기전을 이해하고 또한 유전정보가 보전되고 발현되는 과정을 배운다.

➡ 치과조직학개론

현미경적 해부학의 이해와 방법론, 세포 및 조직의 구조와 기능에 대해서 배운다.

➡ 치과약리학개론

약물의 정의와 작용기전 및 약리학을 배우는 데 필요한 기본 개념 등을 강의하며, 치과의사들이 자주 사용하는 약물들의 종류와 사용 목적 등을 배운다.

치의예과 2년, 치의학과 4년, 총 6년간 공부하여 치과의사가 될 수 있다. 1~2학년 때 치의예과에서 기본적 교양과 치의학 공부에 필요한 기초 지식을 습득한 후, 치의 본과에서 4년간 본격적으로 공부한 후 치과의사 국가시험에 합격해야 한다.

Q 양악수술은 언제 받는 것이 좋은가요?

A 골격성 부정교합의 치료방법은 턱뼈 수술을 병행하는 수술교정과 치아교정만으로 해결하는 비수술적 절충교정이 있습니다. 치아교정은 사춘기가 되기 전에 하는 것이 빠른 교정을 이룰 수 있습니다. 그런데 턱뼈의 균형이 틀어진 골격성 부정교합은 생각보다 많은 건강문제를 초래합니다. 일단 위턱과 아래턱 뼈 간의 위치까지 어긋나면서 주걱턱, 무턱, 비대칭 등의 심미적 문제가 발생할 수 있고 저작기능약화로 영양불균형과 소화불량 등의 기능적 문제도 발생할 수 있습니다. 또 두통을 동반한 턱관절통증은 물론, 치주질환에 걸릴 위험도 높아지는데 이 경우 수술교정, 양악수술을 하게 됩니다. 전문가로부터 3차원 디지털 시스템 통한 진단을 받고 결정해야 합니다.

Q 양악수술은 미용의 목적으로 하는 경우가 많나요?

A 양악수술을 미용수술로 생각하는 사람들이 많지만 심미적 효과는 교합이 개선되면서 함께 따라오는 것이지 본래 목적은 턱뼈 균형을 바로잡아 기능을 회복하는 것입니다. 심미적 목적만을 위해 양악수술을 하면 불필요하게 뼈를 많이 제거해 신경손상 및 마비위험이 높아지고 기도가 좁아지면서 코골이나 수면무호흡증 등의 문제가 발생할 수 있습니다.

Q 3D프린터를 통해 맞춤형 치아를 뚝딱 만들어 치과 방문 횟수를 줄일 수 있다고 하는데 그게 사실인가요?

A 3D프린터는 먼지·소음 없이 보철을 만들 수 있습니다. 환자의 치아를 3D 구강 스캐너로 '설계도'를 만들어 환자 맞춤형 치아를 디자인하고 3D프린터로 보철을 제작할 수 있습니다. 치아 모형을 만들고 다듬는 과정이 필요 없어 생산 속도가 세 배 이상 빨라 치과 방문 횟수를 획기적으로 줄일 수 있고, 빠질 염려도 없습니다.

Q 치의학과가 개설된 학교를 소개해주세요.

A 치의학과는 총 11개 대학에 개설되어 있습니다. 여기서는 각 학교의 대표적인 특징을 정리했습니다. 더 자세한 정보는 대학 홈페이지를 참고하면 됩니다.

구분	모집인원	특징
강릉원주대	42	최고 수준의 시뮬레이션실 실습을 통한 학생 임상 실습으로 역량 있는 치과의사 배출
경북대	60	국내 굴지의 치과 산업체들과 산학연 협력 시스템을 구축하고 첨단 치과의료 원천기술개발 및 첨단 의료산업의 활성화
경희대	80	악안면성장발육 및 기능 연구부, 치과 기자재 및 약제 연구부 등을 통해 구강보건향상에 기여하고, 치과재료 시험개발센터로 지정되어 식품의약품안전청, 산업자원부 기술표준원 시험기관 역할 수행
단국대(천안)	71	전문적인 진료를 할 수 있는 전문치의제가 시행될 것을 예상하고 졸업 후 일정 기간 수련과정을 거쳐 전문치과의사가 될 수 있도록 지원
부산대	40	가상현실 시뮬레이션 시스템을 도입한 가상치의학실습실 개소, 치주질환신호네트워크 연구센터를 통해 첨단 디지털임상치의학 교육과 실험을 통해 전문적인 치과의사 양성
연세대	63	치의예과 2학년 전원 북경대학교 치과대학 방문하여 국제화를 선도하고, 미국치과의사협회 치의학교육 최종인증을 기다릴 정도로 글로벌 교육시스템을 구축
원광대	85	치아 및 치근(백악질) 재생 연구로 생체재료 매식 연구소, 골조직 재생 연구소로 지정되어 연구하는 치과의사 양성

서울대	45	첨단생체공학을 통한 창의적 치의학 연구를 수행하는 골대사 연구센터와 구강악안면 노인성기능장애 연구센터 과학기술부에서 지정되었으며, 치아형성 및 재생에 관한 연구를 수행하는 치아생체공학연구실과 통증신호조절 및 제어기술을 개발하고 있는 통증생체신호연구실이 국가지정연구실로 선정되어 치과의료인 양성
전남대	35	조골세포와 파골세포의 분화 및 활성에서, HIF−2α에 의한 뼈 항상성 유지 역할에 대한 분자적 조절기전을 명확하게 밝힌 연구로서 비정상적인 골흡수 및 골생성 장애에 따르는 골다공증 진단 및 치료법을 개발하는 연구와 경조직 바이오인터페이스 연구센터로 지정되어 치과 의료인 양성
전북대	40	문제바탕학습을 통해 당면 문제에 종합적이고 체계적으로 대처할 수 있는 능력을 배양하고, 구강생체과학연구소와 장애인구강진료센터를 운영하고 있음.
조선대	81	근거 기반의 치의학 지식을 지속적으로 수용하고 최신 정보 기술을 습득하여 최신의 기술을 배울 수 있어, 글로벌 연수 의료기관 선정, 구강 마이크로바이옴 치료제 개발
계	642	

💬 치의학과에 알맞은 적성 및 흥미

생명과학, 화학 등 기초 과학에 대한 관심과 흥미가 필요하며, 치과의사는 세심한 관찰력과 공간지각력이 필요하며, 돌발 상황 시 침착하게 문제를 해결할 수 있는 문제해결능력, 자기통제능력이 요구된다. 세밀한 관찰력과 꼼꼼한 성격을 지닌 사람에게 유리하며, 사람들과 침착성과 인내심, 끈기가 필요하다. 그리고 탐구형과 사회형 성향을 가진 사람에게 적합하다.

💬 관련 국가 자격

국가자격 : 치과의사 국가면허

💬 졸업 후 진로 및 취업

치과의사	보건소	방송 및 신문기자
국립과학수사연구원	제약회사	식품의약품안전처

한의학에서 수강하는 대표 과목은?

➡ 한의학개론

한의학의 기초 및 임상에 관한 이론을 개괄적으로 강술함으로써 한의학 전반에 대한 이해와 학문적 자세에 대해 배운다.

➡ 본초학개론

역사를 통한 본초학의 발달 과정을 연구하고 본초의 약리를 이해하는 데 기초가 되는 기미론, 귀경론, 보사론 등의 이론을 배운다.

➡ 의학 통계학

통계학의 기본 이론을 통하여 의학 분야에 필요한 제반 실험 결과를 통계학적으로 처리하고 해석하는 방법에 대해 배운다.

➡ 해부학

인체에 대한 육안해부학적 지식을 등, 팔, 머리, 목, 가슴, 배, 골반 및 다리 등에 대해 국소해부적으로 접근, 학습함으로써 인체 각 부위의 정확한 기술 능력을 기르며, 임상과 관련된 인체의 구조와 기능을 배운다.

➡ 한방식품학

한방 천연물 제재와 음식 재료를 함께 가공하여 음식물로 항상 먹을 수 있으면서도 질병의 예방 및 회복 작용을 나타내는 한방식품을 한의학 기초 이론을 바탕으로 한의학적인 사고의 틀을 충분히 수용하여 배운다.

➡ 약용식물학

약용식물의 계통 분류별 특징을 조사하고, 외부 형태 관찰 및 내부 조직의 특징을 관찰하며, 특히 세포 내 함유물을 일반 성분과 약효 성분으로 분류하여 배운다.

➡ 한의학원리론

한의학개론 소양을 바탕으로 한방생리학·한방병리학 이전의 원리적 측면을 심도 있게 다루고, 한의학의 주변 학문인 동양의 유불선 철학, 자연 기후 변화의 규율, 인간 생명의 존엄성 및 개체 생리·병리의 바탕이 되는 생체 기의 자발적인 활동에 대한 기초를 확립하며, 한의학의 기초 원리가 되는 동양 철학, 수련법, 의역학, 운기학을 중심으로 한의학의 원리를 배운다.

한의예과 2년, 한의학과 4년, 총 6년 체제인 한의학을 전공하여 한의사가 될 수 있다. 국립대로는 부산대학교를 포함한 9곳과 사립대는 경희대학교 포함하여 총 11개 대학에 한의학과가 개설되어 있다.

Ⓠ **과학기술의 발달로 정밀 한의학 시대가 가능하다는데 사실인가요?**

Ⓐ 맥은 심장과 혈관계의 상호작용으로 발생하기에 맥상은 내부 장기 상태까지 반영하는 종합적인 신호입니다. 이런 신호를 보다 정밀한 센서인 맥진기로 인체 내부의 이상 상태를 측정하여 통증이 있을 때 나타나는 긴맥(緊脈)을 정량적인 지수로 구현하고 현대적으로 재해석하여 정밀 한의학이 가능하게 되었습니다. 그리고 인공지능을 통한 환자 맞춤형 약재를 추천받아 조제하여 복용하게 된다면 치료가 더욱 빠르고 시간과 고통을 줄일 수 있는 이점이 있습니다.

Q 급체 한방치료가 더 빠르고 효과적이라고 하는데 사실인가요?

A 체했을 때, 등이 아플 수 있는데 이는 위, 십이지장에 문제가 생겼을 때 척수 분절이 흉추 6번에서 10번에 있기 때문에 심하게 체하였을 때 등에 통증이 오게 됩니다. 등에 통증이 있는 경우 통증 부위에 자락관법이라고 하여 부항을 하거나, 약침, 침 치료를 하면 더 빨리 낫게 됩니다.

Q 다시 한의학과가 인기가 있는 이유는 무엇 때문인가요?

A 한때 한의사는 보약으로 돈을 벌었습니다. 그런데 홍삼 등 몸에 좋은 건강기능식품들이 많이 생산되어 한의사 인기가 시들해졌습니다. 지금은 초고령화 사회로 들어서면서 어르신들이 요양병원에 입원하여 치료를 받는 경우가 많습니다. 그런데 이들을 효과적으로 진료할 수 있는 의사가 부족하여 한의사도 요양병원을 설립할 수 있게 되었습니다. 그래서 한의사 인기가 치과의사보다 더 높아지게 되고, 그 결과 성적도 많이 상승하게 되었습니다.

Q 한의학과가 개설된 학교를 소개해주세요.

A 한의학과는 총 12개 대학에만 개설되어 있습니다. 여기서는 각 학교의 대표적인 특징을 정리했습니다. 더 자세한 정보는 대학 홈페이지를 참고하면 됩니다.

구분	모집인원	특징
가천대	30 (인문10)	양한방 항암치료 연구, 아토피 피부염 및 건선 치료 연구을 통한 한의학기초연구원과 임상연구 전문가 양성
경희대	108 (인문30)	비만, 암 동반질환에 대한 양한방 융합이론을 기반으로 동반치료물질을 발굴하는 연구를 진행하고 있으며, 난치병인 암의 예방과 치료를 위한 한방소재 개발 연구, 한의학 진단기술을 객관화하는 한의학임상연구 전문가 양성

대구한의대	117 (인문37)	창업트랙을 통해 한의학기초연구원과 임상연구 전문가 양성
대전대	75 (인문29)	임상시험센터에서 한약 및 생약자원 제품화 연구로 한약재 콜라겐을 이용한 한방화장품 개발, 한방 뇌신경센터 운영, 한약과 기존 항암제 병용요법으로 항암치료로 면역력 강화를 위한 한의학기초연구원과 임상연구 전문가 양성
동국대(경주)	75 (인문 7)	한방 종양치료 연구, 한방 난임 임상연구, 폐경기와 갱년기 한방치료 연구를 통한 한의학기초연구원과 임상연구 전문가 양성
동신대	통합 45	암환자 복합 한의치료 연구, 약재감별 딥러닝 연구, 한방 치매 연구를 통한 한의학기초연구원과 임상연구 전문가 양성
동의대	통합 49	만성질환 연구, 보건복지부 한의표준임상진료 연구기관 선정, 식약처 지정 의약품 임상시험실시기관 선정 등을 통해 한의학기초연구원과 임상연구 전문가 양성
부산대	25 (인문 7)	학석사통합과정으로 전문의 자격을 획득하고, 침구경락융합연구센터와 VR한의학 교육을 통한 한의학기초연구원과 임상연구 전문가 양성
상지대	통합 60	원격의료에 관심을 가지고 있으며, 과학기술정보통신부 인증 우수연구실 지정된 약리학실험실로부터 한약안전관리와 탕약 모니터링을 통한 한의약품 PMS 구축을 통한 한의학기초연구원과 임상연구 전문가 양성
세명대	통합 44	가상현실과 증강현실을 접목한 한의임상술기센터 운영, 국내 최초 반자동 첩약조제기 운영, 식약처 지정 의약품 임상시험실시기관 선정 등을 통해 한의학기초연구원과 임상연구 전문가 양성
우석대	통합 32	술기시험 모듈(OSCE) 개발과 운영, 임상술기센터, PBL실 구축을 통한 한의학기초연구원과 임상연구 전문가 양성
원광대	83 (인문 23)	양한방 치료제 개발, 루게릭 치료제 미국 특허 획득, 초음파 활용해 침 치료 안정성 연구, 한방 난임치료 연구 등 한의학기초연구원과 임상연구 전문가 양성
계	743	

💬 **한의학과에 알맞은 적성 및 흥미**

생명과학, 화학 등 기초 과학에 대한 관심과 흥미가 필요하며, 한의사는 세심한 관찰력과 진맥을 정확하게 하기 위해서는 감각이 좋으면 명의로 인정받을 수 있다. 최근 한방병원에서도 다양한 의학장비를 활용하여 과학적으로 분석하여 진단과 처치를 하기에 분석능력, 판단력이 요구된다. 상대방의 어려움을 들어주고, 배려해주는 이해심과 봉사정신을 가져야 한다.

💬 **관련 국가 자격**

국가자격 : 한의사 국가면허

💬 **졸업 후 진로 및 취업**

한의사	기초의학연구원	국립의료원
보건소	식품 및 제조연구소	동물실험관리기관

수의학에서 수강하는 대표 과목은?

➡ **실험동물의학**

실험동물의 생물학적 특성에 대한 비교 학습을 실시하고 각종 실험동물의 생명과학 분야의 적용 사례와 아울러 실험동물 질병에 대해 배운다.

➡ **수의내과학**

환축의 기록부 작성, 수의사와 축주의 관계, 처방전 작성법, 치료제에 따른 약물투여 방법 등을 배우고 소동물과 대동물을 대상으로 이학적 검사 방법 그리고 진단 및 치료 기법을 배운다.

➡ **수의병리학**

동물이 질병 상태일 때 그 동물의 세포, 조직 및 장기에 나타나는 형태학적 및 기능적 소견을 연구하는 분야이면서 질병의 병리 현상에 관한 시작과 끝에 이르는 제반 과정을 이론과 다양한 실험적 수단을 통해 과학적으로 해석할 수 있는 병리학적 능력을 기른다.

➡ 수의미생물학

동물의 질병을 유발하는 미생물에 대한 구조와 기능, 분리, 대사 과정 및 병원성 등에 대해 배운다.

➡ 수의산과학

동물의 생명 현상과 번식 기능을 이해하고 여기에서 발생하는 질병이 번식효율 및 생산성 그리고 종족보전에 어떠한 영향을 미치는가에 대해 배운다.

➡ 수의외과학

동물에게 발생하는 각종 질환 중 외과적 처치를 필요로 하는 질환과 동물마취학에 대해 배우고 임상과 관련하여 소화기계, 호흡기계, 심맥관계, 비뇨생식기계, 근골격계, 신경계에 발생하는 외과질환에 대한 전문 기술과 지식을 배운다.

➡ 수의해부학

수의학의 기초가 되는 동물의 구조를 육안으로 연구하는 학문으로 동물의 형태와 구조를 밝혀 구조와 그 부분의 관련성에 대해 배운다.

수의예과 2년, 수의학과 4년, 총 6년 체제인 수의학을 전공하여 수의사가 될 수 있다. 1~2학년 때 수의예과에서 기본적 교양과 수의학 공부에 필요한 기초지식을 습득한 후, 수의본과에서 4년간 본격적으로 수의학을 공부한 후 수의사 국가시험에 합격해야 한다.

Q 우리나라는 동물 수 대비 수의사 배출 수가 많은 나라인데 수의사가 부족한 이유는 무엇 때문인가요?

A 1년 600명 정도 수의사가 배출되고 있으며 그중에서 대학 및 연구기관에서 5.6%, 공무원으로 17.7%, 산업동물 임상의사로 10.7%, 나머지는 반려동물 임상의사로 활동하는데 최근에 70평 이상의 대형병원에서 5~10명의 의사를 채용하여 동네 작은 병원에서 야간당직 수의사를 채용하지 못하는 실정입니다. 그래서 부족해지는 품귀현상이 생기고 있으며, 의사나 한의사보다 적은 월급으로 인해 제약회사, 교수, 기업 연구원으로 이직하여 그 수가 더 부족해서 품귀현상이 더 심해지고 있습니다.

Q 동물약과 사람약이 다른가요?

A 국내 허가된 동물의약품은 9000여 종(농림부 집계)입니다. 이들 대부분은 사람이 먹는 약과 성분이 비슷합니다. 동물용 의약품 중 특히 항생제, 비타민제, 대사 촉진제, 호르몬제, 진통 근육이완제, 일반 치료제 등은 사람과 동일합니다. 이는 사람과 개, 고양이 모두 척추동물이고 생물학적 구조가 비슷해 약의 흡수나 역할이 비슷하기 때문입니다. 물론 동물용 약과 사람용 약이 전혀 다른 경우도 있습니다. 대표적인 것이 구충제입니다. 사람에게 침투하는 기생충과 강아지나 고양이에게 침투하는 기생충이 다르기 때문입니다. 또한 사람이 잘 걸리는 병과 동물이 잘 걸리는 병이 다르므로 백신도 구분해서 사용해야 합니다.

Q 처방전 없이 약국에서 구매가 가능한 동물약이 있다고 하는데 어떤 것이 있나요?

A 수의사 처방제가 반드시 있어야만 하는 성분을 제외한 구충제, 심장사상충 예방약, 외부 기생충약, 피부병약, 백신, 영양제 등 수의사 처방전 없이

도 판매가 가능한 다양한 품목들이 있습니다. 구충제로는 드론탈플러스, 파나쿠어정이 있고, 심장사상충 예방약으로는 하트가드플러스, 하트웜, 다이로하트 등과 밀베마이신정, 외부기생충약은 리펠러 스팟온 등이 있습니다. 또 수의사들이 약국 유통을 꺼려 하는 품목인 심장사상충 예방약 레볼루션도 지난해 1월 특허 만료됨에 따라 국내외 제조업체에서 제네릭 생산 및 유통을 준비 중에 있어 약국 공급이 점차 원활해질 전망입니다.

Q 수의학과가 개설된 학교를 소개해주세요.

A 수의학과는 총 10개 대학에만 개설되어 있습니다. 여기서는 각 학교의 대표적인 특징을 정리했습니다. 더 자세한 정보는 대학 홈페이지를 참고하면 됩니다.

구분	모집인원	비교
강원대	40	2014년에는 정부로부터 "동물생명 6차산업 특성화사업단"으로 선정되어 5년에 걸쳐 매년 20억 원의 사업비를 지원받아 장학금, 현장실습, 국내외연수 등 다양한 학생교육 프로그램을 추진, 공공기관, 민간 기업, 연구소 등으로부터 다양한 프로젝트를 수주하여 학생 교육과 연구 역량 강화
건국대	77	수의과학연구소의 주요과제는 조류인플루엔자 바이러스의 빠른 진단도구의 개발과 조류의 질병에 관한 연구, 인삼에서 추출한 리간드인 진토닌을 이용한 알츠하이머 치료효과연구, 반려동물과 환경, 의료인과 의료기구와 관련한 항생제 저항성을 연구하는 등 임상, 기초, 예방수의학 각 분야에서 수의학의 발전을 위하여 활발한 연구가 진행
경북대	57	ASM(Acid sphingomyelinase) 억제제를 유효성분으로 하는 알츠하이머 예방 및 치료 물질에 관련된 특허 기술을 이수앱지스에 이전하고, 알츠하이머 항제 신약을 공동 개발, 한방수의학과 재활수의학 왕성하게 활동
경상대	52	국내 최상의 시설을 자랑하는 부속동물병원(경상대학교동물의료원;GAMC)을 갖추고, 수준 높은 동물의료기술 서비스, 인수공통전염병 연구, 동물전염병 방역 등 다양한 전문수의기술을 갖춘 역량 있는 수의사 양성
서울대	48	국제기준의 교육과정 확립, 산업동물실습실 운영 대형 연구센터 유치, 동물병원 및 임상진료의 선진화로 진료환경 개선으로 연 매출 100억 달성

충남대	58	농림축산검역본부 기술교육 및 실습교육, 이대 목동병원 융합의학연구원 실험동물실 협업 연구 등을 통해 다양한 실습능력 배양, 119구조대원에 반려동물 응급처치 교육 지원
충북대	45	동물의료센터, 실험동물연구지원센터, 야생동물센터, 및 동물의학연구소와 연계된 첨단 수의학교육 및 연구 인프라 구축(암뇌질환 치료제 평가를 위한 동물 모델시스템 구축 및 적용연구 선정), 첨단 동물의료(CT, MRI 등)
전남대	51	광우병, 조류독감, 대장균 O157, 다이옥신 등 축산식품 안전성 문제 연구, 동물을 대상으로 하는 의학 전반과 그에 관련된 학문의 이론과 실제를 갖춘 21세기형 전문 수의사 양성
전북대	50	인수공통 전염병연구소, 동물의료센터, 야생동물구조센터, 동물질병진단센터, 실험동물센터, 생체안전성 연구소 등이 설치 운영
제주대	21	말 전문동물병원 운영, 승마용 인공수정 번식 거점센터, 한국형 인공심장 개발 연구, 특수 테이블과 자동환기시설을 갖춘 해부실습실 운영, 제주도 축산진흥원과 교육 및 연구 협력

Memo▶ 동물 감염병 전문 특수대학원 2020년부터 운영대학 3개 선정

💬 수의학과에 알맞은 적성 및 흥미

생명과학, 화학 등 기초 과학에 대한 관심과 흥미가 필요하며, 수의사는 세심한 관찰력이 필요하며, 돌발 상황 시 침착하게 문제를 해결할 수 있는 문제해결능력, 자기통제능력이 요구된다. 동물을 치료하는 일과 사람의 생명을 연장하기 위한 연구도 같이 병행되기에 두 분야의 전문적인 지식과 탐구능력이 필요하다. 그리고 탐구형과 사회형 성향을 가진 사람에게 적합하다.

💬 관련 국가 자격

국가자격 : 수의사 국가면허(농림축산검역본부)

💬 졸업 후 진로 및 취업

수의사	기초의학연구원	축산물안전관리원
가축위생방역지원	사료회사	동물실험관리기관

졸업해서
나아갈 수 있는 분야

의료 분야

➡ 임상의사

❖ 멋있는 의대교수의 하루 일과는?

A교수는 오전 7시 30분 병원으로 출근하여 오전 7시 50분에 하루 일정을 체크한 뒤 오전 8시 30분 회의에 참석한다. 오전 9시 외래환자를 진료하러 진료실로 뛰어간다. 수십 명의 환자를 정신없이 진료하고 나면 12시. 점심시간이지만 식당 대신 학교로 간다. 점심은 빵과 우유로 간단하게 해결한다. 오후 1시부터는 의대생 강의를 2시간 마치고 난 뒤 오후 3시가 넘어 다시 병원으로 되돌아온다. 3시 반부터는 환자를 상대로 한 교육에 참여한 후, 오후 5시 실습학생들의 실기실습 평가감독을 하고 저녁회진을 마치고 오후 7시가 되면 온몸이 녹초지만 곧바로 퇴근할 순 없다.

논문업적을 더 올리라는 학교 측의 압박이 떠올랐기 때문이다. A교수는 연구실로 향한 뒤 연구 활동을 하다 오후 10시가 넘어서야 귀가한다.

다음 날에는 오전 8시부터 수술이 4건 있고 오후엔 학생실습교육을 지도해야 하며 저녁에는 학교에 가서 혹독한 '야단'을 맞아야 한다. 지난번 의사국가고시 합격률이 그리 좋지 않은 것에 대한 책임을 져야 하기 때문이다.

매주 월요일에서 금요일까지 진료, 강의, 연구라는 책임을 다해야 한다. 토요일에는 다음 주 교육일정과 수술 스케줄을 놓고 이리저리 시간을 내보려 한다. 연구시간을 확보하여 진료실적·논문업적·교육 실적평가. 이른바 '병원교수의 삼중고'다. 전국 대학병원 대부분의 전문의 교수가 진료실적·논문업적·교육 실적평가 등의 부담 때문에 이 같은 살인적인 스케줄을 소화하고 있다.

❖ 임상의사를 안 하면 갈 수 있는 분야는?

질병관리본부에서 백신을 연구할 수 있으며, 보건복지부에서 사무관으로 전공의 수련제도와 외국 의료면허소지자 의료행위 승인에 관한 일을 할 수 있으며, 국경없는 의사회 및 KOICA 등에서 봉사활동을 할 수 있으며, 신약 및 의학기기를 만드는 데 기여할 수 있다. 또한 의학 및 제약에 관한 경영 전략 컨설턴트로, 의료분쟁조정중재원 변호사로, 의학전문기자로 다양하게 익힌 지식을 펼칠 수 있다.

❖ 직업의 현재와 미래는?

2017년 한국고용정보원의 연구 결과에 따르면 현재 사람이 수행하고 있는 능력의 상당 부분은 미래엔 쓸모없을 것으로 예측된다. 2030년 국내 398개 직업이 요구하는 역량 중 84.7%는 AI가 인간보다 낮거나 같을 것이라는 분석이다. 전문영역으로 꼽혔던 의사(70%)도 AI로 대체될 전망이다.

왓슨은 수십만 명의 환자 정보와 1500만 페이지에 달하는 의학 자료를 갖고 있어 5명의 전문의가 10여 분간 집단 토론해 내릴 수 있는 암 환자의 진단과 처방을 왓슨은 단 8초 만에 도출한다. 왓슨 도입 이후 가장 큰 변화로 "과거엔 의사가 모든 정보를 가진 상태에서 일방적으로 환자에게 치료법과 치료약을 통보했다"며 "지금은 왓슨의 분석 결과를 보며 환자와 소통한다." 그래서 의사와 환자 간 친밀도가 높아지면서 의료서비스에 대한 환자의 만족도와 신뢰도가 향상되었다.

방대한 의료정보를 수집·분석하고 질병에 대한 검사·진단은 AI가 대신하게 되겠지만, 환자의 상황을 이해하고 공감하며 심리적 안정을 제공하는 역할은 여전히 사람 의사의 몫이다. 미래 의사는 환자의 온전한 회복에 관심을 기울여 따뜻한 감성과 공감을 바탕으로 한 소통능력을 갖춘 의사가 인공지능의사와 더불어 성공할 수 있을 것이다.

🠒 인공지능 진단의사

❖ 의사는 인공지능으로 대체 가능한가?

인공지능의 발전에 따라서 현재 의사가 하고 있는 많은 역할은 대체 가능할 것이다. 의사의 모든 역할을 기계가 대체하기는 어렵겠지만, 인공지능으로 인해 의사의 역할이 달라질 것은 분명하다. 특히 현재 의대생들이나 수련을 받고 있는 젊은 의사들은 인공지능에 관한 내용을 공부하고 있다.

의사도 인공지능 때문에 사라지고, 새롭게 생겨날 부분이 있을 것이다. 사라지지 않을 의사의 역할 중 하나는 최종 의사결정을 내리는 역할이다. 인공지능이 특정한 의료 분야에서 의사와 비슷하거나 더 정확한 수준으로 발전할지라도 인공지능이 제시한 치료법 중에 무엇을 선택할지는 우리의 몫으로 남을 것이다.

❖ 앞으로 의사 교육은 어떻게 변할까?

새로운 분야에 대한 연구 능력이나, 창의성을 길러주는 교육, 인간 대 인간으로 환자를 대할 수 있는 커뮤니케이션 등의 역량에 대한 교육이 더 강조될 것이다. 또한 앞으로는 기초연구에 대한 역할도 강조될 것이다. 인공지능은 데이터와 근거를 기반으로 학습하고 의사결정을 내릴 뿐, 그 데이터와 근거 자체를 스스로 만들어내지는 못한다. 그래서 근거가 부족한 희귀 질환이나 새로운 질병을 연구하는 의과학자들의 역할은 앞으로 더욱 강조될 것이다. 인공지능 의사의 도움으로 연구에 할애할 수 있는 시간적, 정신적 여유도 늘어날 것이다. 더 나아가 의사들은 인공지능을 활용하여 환자를 효과적으로 진료하고 치료하는 방법도 배울 것이다. 어차피 수련을 끝낸 후에 의료현장에서 인공지능을 활용하여 환자를 더 효과적으로 치료하고 돌볼 수 있는 방법을 미리 배우는 것이 바람직하기 때문이다.

➡ 로봇수술 전문의사

❖ 로봇수술을 배우러 한국에 교육받으러 오는 외국의사들이 늘고 있는 이유는?

한국은 2005년 로봇수술을 처음 시행하기 전에는 미국에서 연수를 받았지만, 이제는 로봇수술의 아시아 허브로 성장하게 되었다. 한 해 동안 2000여 명의 외국 의료진이 교육을 받고 돌아갈 정도다. 최근에는 아시아권을 넘어서 미국의 의사까지 교육받기 위해 방문한다. 현재 세브란스병원에서도 연수를 받는 미국 의료진이 있다. 사우디아라비아의 경우에는 보건성에서 전폭적인 지원을 하면서 1~2년간 장기적으로 한국에서 연수를 받는 일이 많아지고 있다. 한국이 로봇수술을 선도하면서 의료영역에서 한국의 위상을 높이는 계기가 되었다. 이제는 로봇수술기까지 개발하여 수술할 정도로 기술이 발달되었다.

❖ 로봇수술의 장점은 무엇인가?

개복수술은 의사가 직접 눈으로 보며 수술을 하지만, 복강경수술은 기존보다 2.5배 확대해서 볼 수 있다. 하지만 로봇수술은 10배 이상 확대하여 이전 수술

보다 완벽하게 할 수 있는 장점이 있다. 복강경수술에서는 2차원적인 화면이 보여주었다면, 로봇수술은 3차원 화면으로 공간감각을 느낄 수 있게 해주는 장점이 있다.

복강경을 이용하는 수술은 의사가 몸을 틀어야 하는 경우도 있고, 모니터를 보기 위해 고개를 한쪽으로 돌린 채 수술을 해야 하는 경우가 있다. 반면 로봇은 자세를 힘들게 바꾸지 않아도 수술이 이뤄지면서 정확하고 세밀한 수술도 가능하다. 로봇수술은 95%가 시술자의 조정이 가능해 조력자의 역할이 거의 불필요할 정도다. 그만큼 시술자의 숙련도에 맞춰 수술이 이루어진다.

❖ 앞으로 로봇수술은 어떻게 변화할 것인가?

의료기술이 발전하면서 개복수술에서 절개를 최소화하고 회복이 빠른 복강경으로 변화했듯이, 로봇수술도 또 하나의 흐름으로 변화하고 발전할 것이다. 각 수술마다 특징이 있듯이, 장기에 맞춘 수술용 로봇이 개발될 것이다. 한국을 비롯해 여러 국가에서 새로운 로봇수술기기를 개발하기 위해 노력하고 있다. 국내에서 갑상선이나 위암, 자궁내막암, 난소암 등 암수술뿐만 아니라 인공관절치환술, 무릎관절치환술 등의 다양한 수술법을 개발하고 매뉴얼을 통해 세계에 보급하고 있다.

➡ 수의사

❖ 수의사는 동물을 좋아하고 사랑하는 사람만 지원하는가?

수의사는 동물을 사랑하는 사람들이 지원하는 것이 맞지만, 동물은 좋아하지 않지만 지원하는 사람들도 많다. 특히 수의학과에서는 동물들의 아픔과 고통, 죽음을 수시로 목격할 수 있으므로 오히려 동물을 사랑하는 사람보다 일이라고 생각하는 사람이 적응을 더 잘할 수 있다.

❖ 동물병원에서는 모든 동물을 다 진료할 수 있나?

개, 고양이 등 소동물 전문병원과 소, 말 등 대동물 전문병원, 뱀, 악어, 코브라, 꿀벌 등 특수동물 전문병원으로 모두 나누어져 있다. 이는 제대로 된 처치가 힘들기 때문이다.

❖ 사람처럼 수의사 전문의 제도가 있나?

현재 우리나라는 수의사 전문의 제도가 없다. 하지만 미국은 동물병원도 사람이 가는 병원과 마찬가지로 세분화한 전문의 제도를 두고 있다. 해당 과에서 인턴·레지던트 수련을 받아 전문의 자격을 취득할 수 있기에 한국에서 수의사 면허증을 취득하고 미국으로 유학을 가는 사람도 있다. 한국은 수의사 면허를 딴 뒤 스스로 관심 분야를 더 파고들어 전문성을 쌓는다. 일부 규모가 큰 개인병원에서 안과·치과·정형외과·영상의학과 등으로 나눠 과별 특수 진료를 하기도 하지만 이 역시 임의로 나눈 것이다.

국방 분야

❖ 군의관과 공보의(공중보건의사)의 차이점은?

공보의는 훈련 1개월, 복무 36개월이고, 군의관은 훈련 2개월, 복무 36개월이다. 군의관은 장교훈련을 받아야 하므로 기간이 조금 더 길다. 대개 의과대학을 졸업하자마자 군을 지원하는 경우는 극히 드물어서 공보의가 될 확률이 높다. 하지만 대부분은 인턴 또는 레지던트까지 이수하고 군을 지원하기에 국방부에서는 '의무사관 후보생 지원서'를 작성토록 한다. 이는 국방부가 병원에서 수련받는 의사의 군입대를 미루어주는 대신 수련이 끝나거나 중도 그만두면 군의관으로 데리고 가겠다는 뜻이다. 전문의 자격증을 취득하고 공보의로 가는 경우는 매우 희박하다. 왜냐하면 군대에서 필요로 하는 각 과 군의관을 다 선발하고 남은 경우 공보의를 가게 되기 때문이다. 그래서 자신의 전공과목이 큰 변수가 된다. 그리고 군에서는 산부인과, 소아과 전문의를 선발하지 않기에 대부분 공보의가 될 수 있다.

❖ 수의장교가 있나?

수의장교는 군견·군마 같은 군용 동물을 책임지는 것은 물론 장병들이 먹는 식품이나 수질을 검사하고, 전염병 우려가 있을 때 방역 등을 도맡아 동물과 인간에게 공통적으로 나타나는 인수공통전염병을 예방하는 임무를 수행한다. 수의장교는 장병의 안전한 먹거리를 위한 98개 항목의 위생 점검을 하고, 해충방역 업무를 수행한다.

수의장교가 되려면 수의사 면허를 취득한 후 수의장교 모집 기간에 지원해 건강검진(신체검사)과 체력검사에 합격해야 한다. 매년 30~35명을 선발하는데, 교육 후 중위로 임관하는데 36개월 근무가 기본이다. 육군 107명, 공군은 17명, 해군은 12명의 수의장교가 있다.

공무원 분야

❖ 의사면허를 가지고 일할 수 있는 공무원은?

보건복지부에 가장 많다. 현재 총 19명이 보건복지부 소속 의사 공무원이다.

이들은 보건과 관련된 각 과로 배정돼 정책수립과 행정업무를 담당한다. 질병관리본부 센터장과 본부장, 보건복지부 보건의료정책실 공공보건정책관 등이 대표적이다. 복지부에는 가정의학과나 예방의학과 출신들이 많고, 노동부·환경부에는 산업의학 전공 의사가 많다. 이들은 행정업무를 담당하며, 의료행위는 하지 않는다.

의료행위와 행정을 같이 하는 경우도 있다. 전국 250여 개의 보건소에 의사가 근무한다. 현재 보건소장 중 50%가 의사이다. 법무부에 소속된 의사, 구치소, 교도소에서 진료를 보는 의사도 있다. 국립중앙의료원, 국립정신병원 등 국립병원에 근무하는 의사도 공무원이다.

❖ 의사면허를 가지고 또 다른 어떤 일을 할 수 있나?

로스쿨에서는 의료사고가 많아 의사 출신 법조인을 필요로 하여 선발하는 수가 점차 늘어나고 있다. 이들은 의료 전문 판사, 검사, 변호사로 활동한다.

사업가로 변신하거나 애널리스트로 활동하는 경우도 있고, 신약을 개발하거나 치료기기를 개발하는 벤처기업을 운영할 수도 있다. 대표적인 회사로 제대혈 사업과 줄기세포 치료제를 개발하는 메디포스트, 암세포 치료제를 개발하는 이노셀, 유전자 가위기술을 이용하여 새로운 치료제를 개발하는 툴젠, AI기반 진단보조 의료기기를 개발한 뷰노 등이 있다. 바이오 기업들을 평가하고 기업가치를 산정할 전문 애널리스트들도 필요하다. 또한 재난구호전문가, 의료전문기자로 활동하는 경우도 있다.

제약 분야

➡ 기초의학연구원

❖ 기초의학을 하다 임상의사로 활동할 수 있나?

임상의학과 기초의학이라는 두 분야는 언뜻 보면 달라 보이지만, 사실 아주 비슷하다. 그래서 충분히 가능하다. 두 길 모두 사람의 질병과 마주하고 그 병리기전을 이해하여 해결책을 모색한다는 점에서 지향점이 같기 때문이다. 실제로 임상의사 중에도 임상연구뿐만 아니라 기초연구를 활발히 하는 이들도 많고, 기초의학교실에서 임상 경험을 충분히 쌓은 후에 기초연구를 열정적으로 하는 이들도 많다. 두 분야 연구자들 간의 공동연구도 활발히 이루어지고 있어서 꼭 하나만 정해 평생 해야 한다는 부담감은 버리면 좋다.

요즘은 임상 경험을 통해 얻은 질병에 대한 깊은 이해를 바탕으로 새로운 아이디어들을 증명하기 위해 기초연구를 하는 의사도 많고, 반대로 기초연구에서 얻은 아이디어들을 실제 임상에서 증명하는 의학자도 많다.

❖ 기초의학 의사국가시험은 의사국가시험과 어떤 점이 다른가?

기초의학 국가시험 도입 목적은 진료역량뿐만 아니라 의과학역량 등을 갖춘 우수한 의사를 배출하고, 국민에 대한 의료서비스의 질을 제공하고자 한다. 국가시험에 도입하지 않을 경우, 기초의과학 역량이 부실한 의사를 배출하게 되며, 의료서비스 수준이 저하돼 국민의 삶의 질이 악화될 우려가 있을 수 있다.

기초적인 의학지식을 바탕으로 임상 교육이 이뤄져야 새로운 병·생리에 대한 연구, 새로운 치료방법 개발 등 창의적 지식이 창출될 수 있으므로 기초의학 의사국가시험을 강조하고 있다. 기초의학 지식이 없다면 단순 반복적인 일만 수행하는 기술자로서의 의사를 양산하게 될 것이며, 종국에는 인공지능에게 의사의 역할을 빼앗기는 결과를 초래할 것이라고 도입의 필요성을 강조한다.

❖ **카이스트 의과학대학원 입학조건과 병역특례 혜택이 주어진다는데 사실인가?**

카이스트 의과학대학원은 의사면허증 소지자(치의학, 한의학 포함)를 대상으로 기초의과학과 의공학 분야를 교육하는 전문대학원이다. 의과학·생명과학·의공학 분야의 다학제적 지식과 연구경험을 동시에 갖춘 고급인력을 양성하여 21세기의 의과학, 생명과학의 발전과 의료기술 개발을 선도할 목적으로 설립되었다.

병역법 개정(2006년 12월 22일 국회 통과 후 2007년 7월 이후 시행)으로 전문의 과정을 마친 의무사관 후보생이 병역특례를 받아 카이스트에서 박사학위과정을 이수할 수 있다. 석·박사학위 통합과정으로 석사학위 취득자(의무석사 포함)는 박사학위과정으로 입학이 가능하며, 교과목 수료 후(석·박사학위 통합과정 : 2년 후, 박사학위 과정 : 1년 후)에 전문연구원으로 편입되어 3년간의 의무종사기간을 마치면 병역이 완료된다.

동물의약품연구원

❖ **동물의약품 종류는 어떤 것이 있나?**

항생제, 합성항균제, 성장호르몬, 구충제, 해열, 진통, 소염제 등이 있으며, 의약품과 사용대상이 다를 뿐 대부분 사용되는 약품성분이 거의 동일하다. 사용 목적에 따라 생산성 향상약, 질병 예방약, 질병 방제약, 질병 치료약, 방역약이 있다. 최근에 동물전용 치매치료제도 개발되고 있을 정도로 동물의약품 종류와 양도 늘어가고 있다.

❖ **동물의약품 시장 전망은 어떤가?**

　국가 간 교역의 활성과 늘어나는 해외 여행객 등으로 인하여 국가 간 동물 관련 질병의 확산 통제는 점점 어려워지고 있으며, 기후 변화로 인해 기생충성 전염병의 유행지역도 확대되고 있다. 또한 전 세계적으로 반려동물 시장의 확대로 관련한 연구투자와 신약 발매도 점점 활발해지고 있어, 세계적으로 동물용의약품 산업은 향후 성장 가능성이 매우 크다. 이러한 이유로, 축산물 안전에 대한 우려 등으로 세계 동물용의약품 시장은 연평균 4% 이상의 성장이 지속될 것으로 전망된다.

❖ **연어수의사가 있다는데 사실인가?**

　건강한 연어 양식을 돕는 의사도 있다. 노르웨이 호르달란주 앞바다에는 거대한 연어 양식장이 있다. 축구장 크기에 달하는 이 대규모 양식장에는 총 63만 마리가 넘는 연어들이 양식되고 있다. 이 양식장의 특이한 점은 연어들마다 인식표가 있어서 건강상태는 물론 혈통과 세부 품종까지 기록하고 관리된다는 점이다.

　한 가지 더 특별한 점은 연어들의 건강을 책임지는 전담 수의사가 있어 건강한 연어가 양식될 수 있도록 어미 연어의 신장과 간 등을 떼어내 기생충 등을 검사하고, 건강하지 못한 어미에게서 태어난 알을 선별하는 일을 한다.

➡ 동물행동심리치료사

❖ **동물행동심리치료사는 어떤 일을 하는가?**

　동물행동심리치료사는 동물이 하는 행동의 원인, 동기, 구조 등을 분석하여 효과적으로 치료하는 일을 한다. 반려동물 전문가라면 강압적인 훈련방법보다 반려견의 감정을 이해하고 그들과 소통하며 훈련의 효과를 극대화시킬 수 있는 클리커 페어 트레이닝이 필수라고 생각한다. 클리커 트레이닝 방식은 동물의 문제 행동을 파악하고 이를 예방 및 수정할 수 있는 핵심적인 클리커 스킬을 배울 수 있다.

❖ **동물매개 심리치료는 무엇인가?**

살아있는 동물을 활용하여 사람 대상자의 치유 효과를 얻는 보완 대체의학적 요법이다. 자격을 갖춘 치료도우미 동물을 활용하여 도움을 필요로 하는 사람 대상자인 내담자(client)의 심리치료와 재활치료를 돕는 것이 동물매개치료이다. 동물매개치료는 사람과 동물의 유대(human animal bond)를 통하여 내담자의 질병을 개선하거나 보완하는 대체요법이다. 또한 심리치료로 내담자의 불안감 감소, 자존감 향상, 우울감 감소 등의 효과를 얻을 수 있고, 재활치료로 내담자의 운동기술 향상, 활동의 증가, 신체기능 향상 효과를 얻을 수 있다.

동물매개심리상담사란 동물매개 치료를 담당하는 전문가로서 치료도우미동물을 활용하여 내담자의 심리적 치료와 재활적 치료 프로그램을 수행한다. 자격을 취득한 동물매개심리상담사가 인증된 치료도우미동물을 활용하여 내담자의 문제를 해결하고자 하는 활동을 한다.

치료도우미동물이란 동물매개치료 프로그램 동안에 중재 역할을 하는 동물로서 선발과 훈련, 위생관리 등의 일정한 기준에 맞는 동물로 동물매개치료에 활용되어 치료의 중재 역할을 수행하는 동물이다.

❖ 반려견 전용 음식이 필요한 이유가 있나?

질이 나쁜 식사로 인해 질병이 생기고 그 질병으로 인해 불행한 삶을 살다가 우리 곁을 떠나는 일이 많다. 그래서 반려견 전용 음식을 개발하게 되었다. 천연 재료를 사용하고 방부제, 알러지 유발 성분을 넣지 않고, 소화가 잘 되도록 유산균을 풍부히 넣고, 사람보다 7배 빠른 시간을 보내기에 그만큼 관절에도 무리가 가는데 이를 위해 글루코사민, 콘드로이 성분을 넣어 관절과 연골을 튼튼하게 해준다.

❖ 채식 펫푸드가 있다는데 사실인가?

최근 해외 반려동물 산업 내에서 뚜렷하게 나타나는 새로운 트렌드는 채식 펫푸드의 성장이다. 전 세계적으로 채식인구가 증가하고 있는 만큼 펫푸드에도 채식 바람이 불고 있다. 이 같은 채식 바람은 주로 강아지 사료에서 나타난다. 개는 진화를 통해 탄수화물 소화능력을 지니는 '잡식성'이 되었다는 통념이 자리 잡았기 때문이다. 이러한 트렌드에 따라 로얄캐닌, 내츄럴발란스 등과 같은 일반 사료업체는 일찍이 채식 레시피를 출시하였고, 채식을 브랜드 모토로 삼는 V-Dog나 할로(Halo)와 같은 곳도 성장하고 있다. 특히, 최근에는 육류 대체 원료를 사용하는 펫푸드 스타트업에 대한 투자도 활발하게 일어나고 있다.

❖ 반려동물 사료로 식용곤충이 개발되었나?

식용곤충의 의학적 효능이 속속 입증되고 있는 가운데 국내업체가 세계 최초로 식용곤충을 활용한 사료를 개발하여 눈길을 끌고 있다. 특히 처방식 사료여서 해외 브랜드가 독점하던 기능성 사료 시장에도 판도 변화가 예상된다. 영양성분은 단백질 53%, 지방 31%, 탄수화물 9%로 단백질과 불포화 지방 함량이 높으며, 항치매, 항암활성, 항염증, 모발 촉진, 항비만, 항당뇨 효과가 있는 것으로 연구결과 밝혀졌다.

제일사료는 세계 최초로 '밀웜'을 주 단백질원으로 사용한 제품을 출시했다. 국내 최초 동물병원 전용 처방식 제품이다. 독일 등에서 곤충으로 만든 반려 동물 사료가 출시되긴 했지만 처방식으로 만들어진 것은 처음이다. 특히 아토피질환 처방식 제품은 식이알레르기와 아토피 질환 개선에 임상적인 효능이 입증됐다.

핵심 키워드로 알아보는 의학

➡ 서울대학교 의예과

Q 저는 췌장암 연구를 하고 싶은 의학자입니다. 대학원까지 생각하고 있는데 서울대학교에는 어떤 암 연구센터가 있나요?

A 서울대학교에는 암 연구소에서는 통계적, 조직 병리적 연구, 임상 연구와 암의 기초 분야 연구들이 이루어지고 있습니다. 그리고 서울대 암연구센터는 한국과학재단으로부터 과학연구센터로 지명되었습니다. 서울대학교 종양생물학 대학원에 진학하면 학생이 원하는 암 연구를 계속할 수 있습니다.

➡ 연세대학교 의예과

Q 저는 대학에서 열심히 공부하고 외국에 가서 교환학생이나 봉사활동을 하고 싶은데 연세대에 그런 시스템이 있나요?

Ⓐ 연세대학교는 국내외 기업이나 외국에 MOU를 체결해서 활동하고 있습니다.

연세대학교 공과대학, Georgetown University(미국), 동화약품(주), Keio University School of Medicine(일본), Thai Nguyen University of Medicine and Pharmacy(베트남), Qingdao University Medical Department(중국), University of Wollongong School of Medicine (호주), Peking University Health Science Center(중국) 등에 MOU가 체결되어 있어 자신이 원한다면 활동할 수 있는 곳은 많습니다.

핵심 키워드로 알아보는 치의학

➔ 연세대학교 치의예과

Ⓠ **연세대 치의예과는 학생들이 다양한 임상교육이나 연구에 참여할 수 있나요?**

Ⓐ 교육에 있어서 국내 최초로 원내 진료실을 설치하여 학생임상교육의 선진화 모델을 제시했고, 통합강의제도와 PBL 교육 시스템을 도입하여 환자 중심의 교육을 실시하고 있습니다.

현재 73명의 전임교수와 31명의 임상 및 연구교수를 포함한 100여명의 교수진이 교육, 연구, 진료에 매진하고 있으며, 매년 국제전문학술지 등에 수많은 우수논문 게재와 정부 및 지자체 등의 대규모 외부연구비를 수주하고 있습니다.

연세대 치과대학병원은 8개 임상과, 통합진료학과 및 7개 특수클리닉으로 구성되어 연 약 40만 명의 환자가 선진화된 치과진료 서비스를 제공받고 있습니다.

Q 대학을 다니면서 교환학생도 하고 싶구요. 외국 봉사활동도 하고 싶은데 연세대 내에서 가능한가요?

A 미주, 아시아, 유럽 등 해외 20여개의 대학과 MOU를 체결하여 교수, 대학원생, 학부생들의 상호 교류가 활발히 이루어지고 있으며, 그동안 받음에서 이제는 나눔의 기관으로 자리하여 교육목적을 실천하고자 몽골 국립치과대학, 온두라스 국립치과대학에 장비 후원과 인력을 파견하여 해당국의 치의학 발전과 선교활동에 임하고 있습니다.

치과대학은 미국치과의사협회(ADA)의 국제수준의 치의학교육 인증을 받기 위하여 그동안 5년 이상을 준비하여 2014년도에 CODA의 PACV(예비인증컨설팅방문) 수검 후 답변서를 제출하였고, 이후 권고사항을 보완하여 최종인증의 절차를 남겨놓고 있으며 이를 통해 글로벌 교육시스템이 갖추고 있습니다.

연세대학교 치과대학은 2015년 4월 영국의 대학평가기관인 QS(Quacquarelli Symonds)가 발표한 세계 대학 순위에서 치의학분야 41위를 차지하기도 하였습니다.

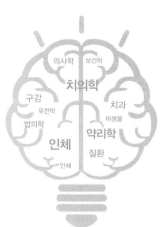

Q 경북대 치과대학에는 여러 연구소가 있다고 어떤 연구소가 있고 어떤 연구를 하고 있나요?

A 두개안면 기능장애 연구센터(MRC) : 두개안면 장애 기전규명, 제어기술 및 치료법을 개발하고, 기초치의학자를 양성하고 있습니다.

경조직 바이오 치아 재생연구소 : 경조직 및 바이오치과 개발연구를 통해 의·치학 분야의 새로운 연구 영역을 개척 및 연구수준을 도모하고, 국민보건 향상에 힘쓰고 있습니다.

생체재료연구소 : 각종 치과재료들에 대해 다양한 생물학적 안정성 평가방법을 연구하여 신속하고 신뢰성있는 평가를 위해 노력하고 있습니다.

치열 교정 연구센터 : 신교정치료장치 및 재료개발 연구와 마이크로 임프란트 연구, 교정용 브라켓 개발로 치·의학 분야의 발전을 위해 연구하고 있습니다.

첨단치과의료기기 개발연구소 : 첨단치과의료기기와 관련하여 체계적이고 종합적인 연구를 추진함으로써 치의학 및 치과산업발전에 기여하고 있습니다.

핵심 키워드로 알아보는 한의학

→ 경희대학교 한의예과

Q 경희대 한의예과를 졸업하면 한의원 외 다른
진로도 있나요?

A 한방병원 : 한방병원에 수련의로 들어갈
경우 인턴 1년과 레지던트 3년을 거쳐 전문
의가 됩니다. 현재 전국에는 경희의료원을 비
롯하여 102개의 한방 병원이 있고, 병원의 수는
앞으로도 점차 늘어날 전망입니다. 선발 방법은 각 병
원마다 약간씩 다른데, 경희의료원의 경우 본과 성적 40%, 필기시험 40%,
면접 20%로 선발합니다.

기초학교실 : 한의학을 학문적으로 깊이 연구할 수 있는 길 중 하나가 한
의대 내의 기초학교실에 조교로 남는 것입니다.

기초학교실에 남기 위해서는 무엇보다도 한의학에 대한 열정을 가지는 것
이 가장 중요하겠지요. 현재의 한의계는 기초분야의 연구원이 너무나 부족
한 것이 현실입니다. 열정 있는 많은 사람들의 관심이 필요합니다. 앞으로
는 정부의 기초의학 발전정책에 따라 기초의학연구소 등에 5년간 근무하
면 병역을 면제해 주는 제도가 추진 중입니다.

국립한의학 연구원 : 한국한의학연구원은 21세기 융합기술의 시대를 맞아
다양한 기술의 창고인 대덕연구개발특구 정부출연연들을 비롯 11개 한의
대, 대학, 산업계 등과의 협력을 통해 한의학과 IT(정보기술), BT(바이오 기
술), NT(나노기술) 등과의 융합기술을 연구하며, 새로운 한의학 패러다임을

구축해 나가고 있습니다.

대학원 진학 : 대학에서 배운 내용을 바탕으로 보다 심도 있는 학문적 연구와 교육을 함으로써 한의학의 수준을 더욱 제고시키는 데에 있습니다. 대학원에서의 학습은 대학을 졸업하고나서 이루어지며, 임상 진료 등의 다른 일을 하면서도 병행할 수 있습니다.

➡ 원광대학교 한의예과

Q 의대를 졸업하면 대학병원이 있는데 한의대를 졸업하는 경우도 각 대학에 소속된 병원이 있나요?

A 원광대 한의대의 경우에는 익산한방병원, 전주한방병원, 광주한방병원이 있습니다.

Q 한의대의 경우에도 연구소가 있나요? 어떤 연구를 하나요?

A 원광대학교 한의과대학 한방심신증후군 연구센터(Hanbang Cardio Renal syndrome research center)가 있습니다. 그곳에서는 한의학적 이론을 기반으로 심신 질환 변증 연구시스템을 구축하고 심신불교형(心腎不交型) 질환 개선을 위한 기초연구, 임상 연구 및 제품개발을 추진하며, 세계 유일의 한의학 기반 심신증후군 전문 연구센터입니다.

핵심 키워드로 알아보는 수의학

➡️ 건국대학교 수의예과

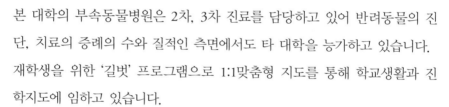

Q 건국대 수의학과에서는 어떤 연구를 주로 하나요?

A 건국대 수의학과에서는 구제역, 광우병, 신종플루 등 국경검역, 식품위생(안전식품인증), 공중보건위생, 반려동물 및 산업동물 임상, 기초 의료–바이오 분야 연구에 높은 평가를 받고 있습니다.

본 대학의 부속동물병원은 2차, 3차 진료를 담당하고 있어 반려동물의 진단, 치료의 증례의 수와 질적인 측면에서도 타 대학을 능가하고 있습니다. 재학생을 위한 '길벗' 프로그램으로 1:1맞춤형 지도를 통해 학교생활과 진학지도에 임하고 있습니다.

➡️ 경북대학교 수의예과

Q 경북대 수의학과를 자랑해 준다면 어떤 것이 있을까요?

A 경북대 수의학과는 인문학적인 소양을 갖춘 창의적 인재의 육성입니다. 산업동물, 실험동물, 반려동물 분야에 세계 최고 수준의 심화교육 프로그램을 개발하고, 그에 걸맞은 교

육환경에서 공부할 수 있도록 최선을 다하고 있습니다.

앞으로는 인공지능(AI) 및 신규 4차원적 산업의 출현으로 다양한 질병 예
방을 위한 천문학적인 국가사회적 비용부담을 대체하는 신성장 산업군의
시대에 발맞추어 성장을 준비하고 있습니다.

의학계열 추천도서와 동영상

💬 추천도서

도서명	지은이	출판사
당신에게 노벨상을 수여합니다 : 노벨 생리 의학	노벨 재단 외	바다출판사
암 : 만병의 황제의 역사	싯다르타 무케르지 외	까치글방
새로운 약은 어떻게 창조되나	교토대학 대학원	서울대학교출판
의학 오디세이-인간의 몸, 과학을 만나다	신동원 외	역사비평사
국경없는 의사회	데이비드 몰리 외	파라북스
하리하라의 생물학 카페	이은희	궁리
내몸안의 지식여행 인체생리	다나카 에츠로 외	전나무숲
닥터, 좋은 의사를 말하다	아툴 가완디 외	동녘사이언스
인간은 왜 병에 걸리는가	랜덜프 네스 외	사이언스북스
의학사를 이끈 20인의 실험과 도전	크리스티안 베이마이어 외	주니어 김영사
내 몸 안의 과학	예병일	효형출판
하리하라의 청소년을 위한 의학이야기	이은희	살림FRIEND

💬 K-MOOC 추천 동영상

성의 과학

추영국 | 원광대학교
2019/09/16 ~ 2019/12/01

인간 뇌의 이해

정천기 | 서울대학교
2019/09/02 ~ 2019/12/15

DNA로 살펴 본 생물의 진화

김상욱 | 포항공과대학교
2018/03/05 ~ 2018/06/11

활과 리라: 생물학과 철학의 접점 찾기

김웅빈 외 1명 | 연세대학교
2019/04/01 ~ 2019/07/26

인간 뇌의 이해

| 서울대학교
2018/09/03 ~ 2018/12/16

DNA로 살펴 본 생물의 진화

김상욱 | 포항공과대학교
2019/10/14 ~ 2020/01/31

💬 TED 추천 동영상

Anders Ynnerman
앤더슨 이너맨: 의학적 거대 데이터 시각화
Posted Jan 2011

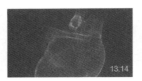

Tal Golesworthy
탈 골스워디: 내가 내 심장을 어떻게 수리했는가?
Posted Apr 2012

Mary Bassett
의사로서 사회 정의를 고민해야 하는 이유
Posted Feb 2016

David Casarett

의료용 마리화나에 대한 의사의 견해

Posted Apr 2017

Robert Fischell

Robert Fischell 의 "의학에서의 발명"에 대하여

Posted Oct 2006

Joshua W. Pate

통증의 불가사의한 과학 - 조슈아 W. 페이트 (Joshua W.Pate)

Posted May 2019

치의학계열 추천도서와 동영상

💬 추천도서

도서명	지은이	출판사
치과의사가 말하는 치과 의사	이수구 외	부키
치과의 비밀–아플까 봐 무섭고 비쌀까 봐 두려운	류성용	페이퍼로드
치아를 보면 건강과 체질이 보인다	박금출	예지
행복한 병원을 만드는 치과예방진료	공정인	웰
치과의사도 모르는 진짜 치과이야기	김동오	에디터
치과의사	고정민 외	꿈결
최신 치과 매뉴얼 119	김영삼	군자출판사
전문직 치과의사로의 긴 여정 치의학 역사	Philias Roy Garant	대한나래출판사
휠러의 치과 해부학	Stanley J. Nelson	코스모스
치의학 역사 단편집	제럴드 슈클라	애니프린팅
치의학을 위한 필수 미생물학	JEREMY BAGG	군자출판사

💬 **추천동영상**

치의대생들의 하루 일과 https://www.youtube.com/watch?v=MaFgri0jNX4

VR기반 의학/치의학 교육 https://www.youtube.com/watch?v=COTtHXN5H3I

치의학 윤리의 목적과 핵심 가치 https://www.youtube.com/watch?v=EbN0tYrs6sM

치아 구조와 건강 https://www.youtube.com/watch?v=nNBSfBcCg1Y

한의학계열 추천도서와 동영상

💬 **추천도서**

도서명	지은이	출판사
이제마, 인간을 말하다	정용제	정신세계사
명방 60수	송영강	문진
한방임상 이야기	양주노	군자출판사
내 체질 사용설명서	이병삼	청홍
몸, 한의학으로 다시 태어나다	안세영 외	와이겔리
그림으로 풀어쓴 황제내경	지토 편집부 외	김영사
인문학으로 만나는 몸 공부	차경남	글라이더
동의보감, 몸과 우주 그리고 삶의 비전을 찾아	고미숙	북드라망
젊은 한의사가 쉽게 풀어 쓴 음양오행	어윤형 외	와이겔리
한 권으로 읽는 원본 동의보감	허준	글로북스
한의사들이 읽어주는 한의학	장영희 외	맑은샘

💬 **추천동영상**

한의학 콘서트 https://www.youtube.com/channel/UCgL8zUuTzKaxlPPDHsQ6tqQ

병의 근본을 치료하는 한의학 https://www.youtube.com/watch?v=S77vugLrn2Y

한의원 침 치료의 과학적 기전 https://www.youtube.com/watch?v=uLfghERKuNM

한의사, 한의대, 한의원, 한의학 Q&A https://www.youtube.com/watch?v=h6-m_
sIPe3Y

한의학과 현대의학이 보는 관점의 차이와 한의학이 필요한 이유
https://www.youtube.com/watch?v=tpt5inaP3MY

치의학용어 ▶
단국대학교 | 이상일 | 2014년 2학기
치과의료영역의 세분화와 전문화되어 그에 따른 새로운 용어들이 지속적으로 증가하고 있으며 치의학용어 학습의 필요성이 겸겸 높아지고 있
다. 이러한 흐름에 따라 치과위생사들도 치의학용어에 대한 지식을 넓혀 치과위생사 본연의 업무는...
🔲 차시보기 | 🔲 강의담기

스마트 디바이스를 활용한 상호작용(서울대학교 치의학대학원) ▶
신한대학교 | 신종우 | 2018년 1학기
서울대학교 치의학대학원-스마트 교수법
🔲 차시보기 | 🔲 강의담기

임플란트: 치아와 티타늄 ▶
숙명여자대학교 | 애런 샤르마
치의학,임플란트,치아,티타늄,의학기술

제공처: UC TV
🔲 차시보기 | 🔲 강의담기

💬 K-MOOC 추천 동영상

한방의학콘서트

인문학을 품은 한의학

한의학이야기, 전통 속의 우리 의
학과 미래가치로서의 한의학

💬 KOCW 추천 동영상

한방의학 콘서트 ▶
원광대학교 | 윤용갑 | 2013년 2학기
·교과목의 성격: 한방의학 줌 실생활에 응용할 수 있는 내용을 선별하여, 교양을 중심으로 타학과 학생들에게 한의학을 이해시키고 실생활에 활
용하게 함으로서 한의약의 이해증진, 수강자의 건강한 신체를 유지시켜 건전한 대학생...
🖻 차시보기   🗗 강의담기

한방신경정신과학 ▶
동신대학교 | 김경옥 | 2018년 2학기
한의신경정신과학의 증후 및 질병, 치료법을 이해할 수 있는 기본 개념을 정확하게 이해하고, 의료 윤리에 대해 이해한다.
🖻 차시보기   🗗 강의담기

한의학 개론 ▶ 🐸
대구한의대학교 | 김광중 | 2012년 2학기
한의학은 기존 학문들과 다른 동양학을 배경으로 형성되어 있다. 여기에는 남다른 학습방법이 필요하다.
🖻 차시보기   🗗 강의담기

생활속의 한의학 📄
경희대학교 | 길재호
한의학을 바르게 인식시키고 현대인의 건강생활에 도움이 되는 한의학을 소개, 새로운 건강에의 인식과 한의학의 인식체계를 소개하고자 한다.
🖻 차시보기   🗗 강의담기

허준의 생애와 『동의보감』 🅰
동의대학교 | 신순식 | 2014년 1학기
이 교과목은 우리나라 사람들이 한의학과 의료문화에 대한 기본이해를 가지도록 하기 위해 개발된 허준과 『동의보감』의 내용으로 구성된다.
🖻 차시보기   🗗 강의담기

수의학계열 추천도서와 동영상

💬 추천도서

도서명	지은이	출판사
최재천의 인간과 동물	최재천	궁리
애완동물사육(충청북도교육청인정도서)	안제국	부민문화사
대한민국 동물 보호법	조세형	부크크
수의사가 말하는 수의사	김영찬	부키
인간의 위대한 스승들	제인 구달 외	바이북스
제인구달의 생명 사랑 십계명	제인 구달 외	바다출판사

💬 K-MOOC 추천 동영상

반려 동물과 행복나눔
| 건국대학교
2018/08/28 ~ 2018/12/10

반려동물과 행복나눔
| 건국대학교
2019/09/01 ~ 2019/12/11

반려 동물과 행복나눔
| 건국대학교
2019/03/04 ~ 2019/06/14

보이지 않는 미생물 세계
| 건국대학교
2019/03/04 ~ 2019/06/14

보이지 않는 미생물 세계
| 건국대학교
2019/09/01 ~ 2019/12/13

보이지 않는 미생물 세계
| 건국대학교
2018/10/08 ~ 2018/12/16

💬 TED 추천 동영상

Barbara Natterson-Horowitz

의사들은 모르지만 수의사들은 아는 것

Posted Dec 2014

William Li

우리가 암세포를 굶기기 위해 먹을 수 있을까?

Posted May 2010

Temple Grandin

템플그렌딘: 세상은 왜 자폐를 필요로 하는가?

Posted Feb 2010

Jakob Magolan

유기화학 단기 강의

Posted Jul 2018

Dave deBronkart

Dave deBronkart: e-환자, Dave를 소개합니다.

Posted Jun 2011

Jonathan Eisen

조나단 아이센: 여러분들의 미생물들을 만나보세요

Posted Jul 2012

PART
3

간호·보건계열
진로 사용설명서

대학에 들어가서
수강하는 과목

간호학에서 수강하는 대표 과목은?

➡ 기본간호학

간호와 관련된 기본개념을 이해하고 간호과정과 단계를 학습하고 기본 이론을 바탕으로 기본간호기술을 수행할 수 있는 능력을 배운다.

➡ 임상약리학

질병의 예방, 진단, 치료 및 증상의 경감 등을 목적으로 사용되는 각종 약물들의 상호관련성을 다루는 학문으로 생화학, 생리학 및 기타 의학 분야의 지식을 토대로 약물의 작용과 기전, 생체 내 처리, 부작용 및 독성 등 약물에 대한 필수 지식을 임상에서 응용하는 것에 대해 배운다.

➡ 지역사회간호학

지역사회 간호대상인 개인, 가족, 집단, 조직 그리고 지역사회를 대상으로 질병예방, 질병관리, 건강유지 및 증진을 위하여 지역사회에 간호과정을 적용함으로써 문제를 해결할 수 있는 능력을 기르고 나아가 전반적인 보건의료체계와 보건의료정책에 대한 내용을 배운다.

➡ 성인간호학

성인기의 공통적 간호문제의 해결을 위해 개인과 가족의 신체적, 심리적, 사회적 간호 상황을 진단하고 파악된 문제를 해결하기 위한 간호중재법을 배운다.

➡ 모성간호학

여성을 위한 신체, 정신적인 통합체로서 인식하여 여성의 전 생애에 걸쳐 생식 관련 요구와 문제를 중심으로 건강유지, 증진, 회복을 위한 능력을 기른다.

➡ 아동간호학

영아에서 청소년까지의 정상적인 성장발달의 특성을 이해하고 어린이를 대상으로 간호사정, 간호진단, 간호중재를 함으로써 건강증진을 도모한다.

➡ 호스피스간호학

호스피스는 죽음을 앞둔 말기환자와 그 가족을 사랑으로 돌보는 행위로서 환자가 남은 여생 동안 인간으로서 존엄성과 높은 삶의 질을 유지하면서 삶의 마지막 순간을 평안하게 맞이하도록 신체적, 정서적, 사회적, 영적으로 도우며 사별가족의 고통과 슬픔을 경감시키기 위한 총체적 돌봄을 배운다.

간호학은 사람들의 건강을 증진시키고 질병에서 오는 고통을 줄여 더 행복한 삶을 살 수 있도록 돕는 전문간호 이론과 기술을 배우는 학문이다. 간호학은 간호대상의 특성과 변화에 따라 성인간호학, 아동간호학, 모성간호학, 노인간호학, 정신건강간호학 등으로 구분된다.

전문대학의 경우 3년제 또는 4년제로, 일반대학의 경우 4년제로 운영되며 국가자격시험을 합격하면 간호사 면허를 취득할 수 있다. 병원에서는 임상간호사,

보건간호사, 산업간호사 등 다양한 분야에서 활동 가능하다.

Q 보험심사간호사는 어떤 일을 하나요?

A 보험심사간호사는 의료기관, 보험 관련 공공기관 및 일반 보험사 등에서 건강보험, 의료급여, 산재보험, 자동차보험 등 보험과 관련하여 발생되는 진료비의 적정성 심사, 보건의료 관계기관의 적정성 평가에 대한 요양기관 내 대처, 의료의 질 향상을 위한 임상질지표 개발 및 분석, 의료법 및 관련 고시와 지침의 관리 및 해당기관 의료인 및 관리자를 대상으로 교육과 정보제공 등의 업무를 담당합니다. 건강보험 심사평가원, 한국보건산업진흥원, 한국보건사회연구원, 국민건강보험공단에 취업할 수 있습니다.

Q 간호대학 편입이 최근 쉬워졌다고 하는데 그 이유가 무엇 때문인가요?

A 일선 의료기관들이 제기하고 있는 간호인력 부족 현상을 감안함과 동시에 양질의 의료서비스를 제공하기 위한 조치로 교육부는 간호학과 편입생을 5년간 한시적으로 학사편입학 비율을 기존 10%에서 30%로 확대하는 내용의 '고등교육법 시행령 일부 개정령안'을 2018년 10월 8일 국무회의에서 의결했습니다. 이에 따라 2019학년도 전형부터 시행되며 2023년까지 한시적으로 운영되어 학사 편입이 쉬워졌습니다.

Q 간호대학이 매우 많아 졸업자 수도 많은데 취업률이 높은 이유가 궁금합니다.

A 전국의료산업노동조합연맹 정책전문위원이 제시한 자료에 따르면 인구 1000명당 면허 간호인력 수는 2017년 기준 19.2명으로 OECD 평균인 14.8명보다 많으나, 전체 면허 간호인 대비 임상 간호인력 비중은 49.2%에 그쳤습니다. 이같이 적은 임상 간호인력 원인으로 간호계와 병원계는 오래 일

을 하지 못하게 하는 업무환경인 3교대 근무라고 지적했습니다. 간호사들은 하루 평균 120분 정도 더 근무하는 과도한 초과근무 사안을 개선이 된다면 지금보다 취업하기가 힘들 것입니다.

Q 우리나라에 동물간호사 제도는 언제 생기나요?

A 2017년 1월 농림축산부는 동물의 간호 또는 진료 보조 업무에 종사하는 동물간호사를 '동물간호복지사'라 합니다. 동물간호복지사 자격은 전문대학에서 동물 간호 관련 학과를 졸업, 일정 학력을 갖추고 동물간호복지사 자격시험에 합격한 후 농림축산부 장관의 자격인정을 받은 사람입니다. 대한민국 법률상 동물병원에서 근무하는 동물간호사는 민간자율(한국동물복지협회)로 애완학과 졸업자, 동물병원근무자 등을 대상으로 민간자격증을 부여해 약 3000명이 비진료 분야에 종사 중입니다. 한편 미국과 일본은 동물간호사를 수의테크니션으로 부릅니다. 미국은 약 8만 명, 일본은 약 2만 5000명이 동물간호사로 종사하며 혈압 측정, 체혈 등 진료 서비스를 제공하고 있습니다. 국가자격제가 논의 중이니 조만간 동물간호사로 활동할 수 있습니다.

Q 간호학과가 개설된 학교를 소개해주세요.

A 많은 대학에 간호학과가 개설되어 있습니다. 관심있는 간호학과가 개설되어 있는 대학 홈페이지를 이용하면 더 많은 정보를 얻을 수 있습니다.

Q 대학병원을 보유한 간호학과는 어디인가요?

A

지역	대학명
강원	원세대(원주), 한림대(춘천), 강원대(춘천)
경기	아주대(수원), 을지대(성남), 차의과학대(포천, 분당), 동국대(일산),인제대(일산), 한양대(구리), 원광대(군포), 서울대(분당), 고려대(안산), 한림대(안양, 화성)
경남	경상대(진주, 창원), 부산대(양산), 성균관대(창원)
경북	동국대(경주), 차의과학대(구미), 영남대(영천)
광주	전남대, 조선대
대구	경북대, 계명대, 대구가톨릭대, 영남대
대전	건양대, 을지대(대전), 충남대
부산	고신대, 동아대, 인제대, 부산대,
서울	가톨릭대, 고려대, 서울대, 성균관대, 연세대, 이화여대, 중앙대, 한양대, 차의과학대, 인제대, 경희대, 울산대, 한림대, 순천향대
울산	울산대
인천	가천대, 인하대
전북	원광대(익산), 전북대(전주),
제주	제주대
충남	단국대(천안), 순천향대(천안)
충북	건국대(글로컬_충주), 충북대(청주)

💬 간호학과에 알맞은 적성 및 흥미

생명과학, 화학 등 기초 과학에 대한 관심과 흥미가 필요하며, 응급상황 시 빠르게 대처할 수 있는 순발력 및 판단력이 필요하며 전문 의학 용어와 생물, 심리 등에 대한 기본 지식이 요구된다. 정확하고 꼼꼼한 성격을 가진 사람에게 유리하며, 의료진 및 환자들과 원활한 의사소통을 할 수 있는 능력과 다른 사람을 잘 배려하고 봉사하는 마음이 있어야 한다. 실재형과 사회형의 흥미를 가진 사람에게 적합하며, 사회성, 신뢰성 등의 성격을 가진 사람들에게 유리하다.

💬 **관련 국가 자격**

국가자격 : 간호사 면허, 전문간호사[가정전문간호사, 감염관리전문간호사, 노인전문간호사, 마취전문간호사, 보건전문간호사, 산업전문간호사, 응급전문간호사, 정신전문간호사, 종양전문간호사, 중환자전문간호사, 호스피스전문간호사, 아동전문간호사 임상전문간호사], 보건교사, 보육교사 등

💬 **졸업 후 진로 및 취업**

보건교사	소방직 공무원	국민건강보험공단
국립과학수사연구원	간호사	의료정보업체

치위생학에서 수강하는 대표 과목은?

➡ **구강해부학**

인체 중 악안면 및 그 인접 주위 조직의 전반적인 지식을 습득케 하여 구강 내의 치아와 그 주위 조직을 중심으로 치과 임상에서 필요한 모든 것을 체계적으로 이해시킨다.

➡ **치면세마론 및 실습**

치아와 치아 주위를 둘러싼 주변 조직을 이해하며, 치주질환을 야기할 수 있는 모든 요소와 예방법을 익히며, 치과위생사의 고유 업무인 치면세마를 잘할 수 있도록 이론 및 실습을 한다.

➡ 치아형태학 및 실습

사람의 치아 하나하나의 형태와 특징을 이해하고 치아의 특성을 파악함으로써 임상에서 활용될 수 있도록 한다.

➡ 치주학

치아 주위의 여러 병적 변화와 생리적 정상 상태 및 이러한 병적 변화에 대한 예방과 치료에 대한 이해력을 증진시킨다.

➡ 공중구강 보건학

국민의 구강보건 발전을 위한 기본 지식과 구강보건 진료제도, 구강보건 정책 설정과 목표 달성을 위한 행정 등을 배운다.

➡ 공중보건학

공중보건에 대한 종합적인 이해와 중요성을 이해하며, 건강과 질병, 환경보건, 산업보건, 역학 및 전염병 관리, 비전염성 질환, 보건교육, 학교보건, 모자보건, 노인보건 등에 대한 내용을 이해한다.

➡ 예방치과학 및 실습

치과위생사로서 구강건강의 개념과 의의를 이해함으로써 구강병 관리 원칙에 따라 지역사회 주민의 구강건강관리에 필요한 중대구강병 예방술식을 숙지하고 이를 실용화하여 구강건강을 더욱 효율적으로 증진·유지할 수 있도록 예방진료 계획을 수립하고 환자에 맞는 기술을 배운다.

치위생과에서는 치과 병·의원에서 치과의사를 도와 국민의 구강 보건에 힘쓰는 치과위생사를 키우고자 한다. 치위생과에서는 사람들의 구강질환을 예방하고 건강하고 아름다운 치아를 유지할 수 있도록 전문 치위생 이론 및 기술을 공부한다. 고령화 사회로 인해 의학에 대한 국민들의 관심은 점차 커지고 있다. 특히 치아를 오래 보존하고 튼튼한 치아를 유지하는 데에도 관심을 가지고 구강교육의 중요성이 커지면서 치위생과가 주목을 받고 있다. 구강질환이 늘어나고 구강보건의 중요성이 점점 커지고 있는 만큼 구강건강 증진과 구강보건교육에 흥미가 있는 학생이면 좋다.

💬 보건계열(임상병리사) 알맞은 적성 및 흥미

생명과학, 화학, 물리학 등 기초 과목에 대한 관심과 흥미가 필요하며, 분석적인 사고력이 필요하며 다양한 첨단의료장비를 사용하므로 여러 기계를 능숙하게 다룰 수 있는 능력이 요구된다. 주로 환자를 상대하는 일을 할 것이므로 사람들과 소통하기 좋아하고 배려할 수 있는 마음과 좁은 구강 내에서 치과 관련 기계나 도구를 사용하므로 손놀림이 정교하고 꼼꼼한 사람에게 적합하며, 꼼꼼함, 신뢰성, 협조심 등의 성격을 가진 사람들에게 유리하다.

ⓠ 4년제 치위생과가 개설된 학교를 소개해주세요.

Ⓐ 4년제 대학에서는 28개의 대학이 있으며, 전문대에는 치위생과가 많이 개설되어 있습니다. 이 외에 대학들도 홈페이지를 이용하면 그 학과의 특징을 자세하게 알 수 있습니다.

지역	대학명
강원	가천대, 을지대(성남), 신한대
충청	U1대, 건양대, 단구대(천안), 남서울대, 백석대, 선문대, 서남대(아산), 한서대(서산), 청주대

강원	연세대(원주), 강릉원주대(강릉), 강원대(삼척, 도계), 경동대(문막)
전라	광주여대, 송원대, 초당대, 호남대, 호원대
경상	경북대, 경운대, 김천대, 동서대, 동의대, 신리대, 영산대(양산)

💬 관련 국가 자격

국가자격 : 치과위생사

💬 졸업 후 진로 및 취업

보건소	치과병원	국민건강보험공단
학교 구강보건실	산업체 내 치과	의료정보업체

물리치료 및 스포츠의학에서 수강하는 대표 과목은?

➡️ 정형계 임상물리치료

근육계 질환과 골격계 질환에 대한 원인과 증상, 예후 등을 정확하게 인식해서 우리 몸에 올 수 있는 기형과 운동 장애를 제거해주는 방법들을 배운다.

➡️ 근골격 물리치료

정형외과 질환 중 주로 사지와 관계된 질환의 진단 및 평가, 물리치료를 배운다.

➡️ 보건법규

보건의료의 실무적인 법규인 의료법, 전염병, 예방법, 의료기사법 등 보건관계 법규에 대해 종합적으로 배운다.

➡ 스포츠 물리치료

상해를 입은 운동선수가 조속하고 안전하게 스포츠로 복귀할 수 있도록 해 줄 수 있는 치료법에 대해 배운다.

➡ 신경계 임상물리치료

중추신경 장애환자의 운동기능의 상실을 원인과 증상, 예후를 정확하게 파악해서 그 질환에 대한 회복과 기형의 방지, 기형의 예방 등에 대해 배운다.

➡ 기초 운동치료학

해부학과 생리학의 기초 지식을 바탕으로 재활치료의 중요한 기법인 운동을 통한 치료법의 기전 방법을 강의하고 실습을 통해 배운다.

➡ 영상진단학

근골계와 신경계 질환을 평가하고 질병을 이해하는 데 필요한 X-ray, CT, MRI 영상을 이해하고 임상적으로 활용하는 방법을 배운다.

재활 관련 학과에서는 장애인의 재활복지를 위한 학문적 연구와 더불어 효율적인 재활프로그램을 개발하는 것을 공부하는 학과로 사회에서 격리된 장애인들의 복지문제를 다루는 사회재활, 여러 이유로 이상 심리를 갖게 된 사람들의 심리치료가 주된 목적인 심리재활, 장애인들이 독립된 삶을 살 수 있도록 장애인의 직업과 재활시설을 연구 및 개발하는 직업재활 분야로 구분된다.

Q **물리치료와 운동재활치료의 차이점은 무엇인가요?**

A 물리치료는 태양열, 광선, 물, 전기 운동 등 물리적인 인자를 이용하여 질

병을 치료하는 학문으로 치료적 접근법의 특성에 따라 온열치료, 전기치료, 수치료, 운동치료, 정형 도수치료 등으로 나눌 수 있습니다. 운동재활치료는 질병이나 손상으로 인한 일상생활과 기능적 제한을 체계적이고 계획된 움직임이나 활동으로 정상에 가까운 상태로 회복시키는 치료적 운동을 말합니다.

손상된 환자의 재활치료에 있어서 목표설정이 중요한데 어떤 종류의 손상을 받았는지, 손상된 환자가 치료 복귀해야 될 운동 강도와 종류에 따라 결정이 됩니다. 손상 후 부종조절을 위한 기본적 응급치료와 통증 감소, 관절 운동범위의 회복, 근력, 지구력, 힘의 회복, 신경-근 조절의 재확립, 균형감각의 향상, 심폐지구력 유지, 적절한 기능 회복 등 초기 치료의 중요한 부분을 결정하는 것이 중요하며, 장기적으로는 손상받은 운동선수를 가능한 빨리, 안전하게 경쟁적 운동경기를 수행할 수 있도록 재활프로그램을 언제, 어떻게 진행할지 정하여 진행하는 운동처방사의 임무가 점점 중요해지고 있습니다.

Q 4년제 물리치료학과가 개설된 학교를 소개해주세요.

A 많은 4년제 대학에 물리치료학과가 개설되어 있습니다. 이 외 전문대학에도 많이 개설되어 있으니 자세한 정보는 학과 홈페이지를 통해 자세하게 알 수 있습니다.

지역	대학명
서울, 경기	삼육대, 가천대, 을지대(성남), 용인대
충청, 대전	대전대, 우송대, 건양대, 나사렛대, 남서울대, 단국대(천안), 백석대, 선문대, 중부대, 한서대, 호서대

강원	강원대(삼척, 도계), 경동대(문막), 상지대, 연세대(원주)
전라	서남대(남원), 전주대, 광주여대, 남부대, 동신대, 한려대, 호남대, 호원대
경상	경운대, 김천대, 대구가톨릭대, 대구대, 대구한의대, 위덕대, 경성대, 동의대, 부산가톨릭대, 신라대, 가야대, 경남대, 영산대(양산), 인제대, 한국국제대

Q 4년제 스포츠의학과가 개설된 학교를 소개해주세요.

A 건양대, 경희대, 단국대, 대구한의대, 동서대, 동의대, 동신대, 서원대, 순천향대, 우석대, 전주대, 조선대, 차의과학대, 청주대, 한중대가 있습니다.

💬 보건계열(물리치료 및 스포츠의학) 알맞은 적성 및 흥미

생명과학, 화학, 물리학 등 기초 과목에 대한 관심과 흥미가 필요하며, 분석적인 사고력이 필요하다. 또한 다양한 첨단의료장비를 사용하므로 여러 기계를 능숙하게 다룰 수 있는 능력이 요구된다. 물리치료사는 병원에서 환자를 대하는 시간이 많은 직업으로 다양한 사람들과 대면해야 하므로 이해심이 많고 평소 대인관계가 원만해 잘 어울리는 사람이면 좋다. 인체의 움직임에 대해서 배우고, 학습 내용이 실제 현장에서 활용되는 경우가 많기 때문에 다양한 환경에 대한 적응력과 섬세하고 꼼꼼한 성격이 유리하다.

💬 관련 국가 자격

국가자격 : 작업치료사, 특수교육 정교사 2급, 언어재활사, 장애인재활상담사 등

민간자격 : 직업재활사, 언어치료사, 미술치료사, 스포츠에이전트, 운동처방사, 생활체육지동사, 경기지도사, 스포츠트레이너, 수중재활치료사 등

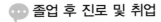 **졸업 후 진로 및 취업**

병원	재활 관련 연구소	보건소
장애인복지관	노인복지관	발달장애치료실

임상병리학에서 수강하는 대표 과목은?

➡ 병리학

질병을 각 기관계에 따라 분류하여 이들 각 질병에 대한 정의, 원인, 발생기전, 경과, 증상과 징후, 진단, 예후, 합병증 등에 대해 배운다.

➡ 임상화학 및 실험

질병에 의해 유도된 체내 체액의 생화학적인 이상 상태를 기초 이론으로 소개하고 그것을 어떠한 원리에 의해 검색할 수 있는지를 화학적 검사법을 통해서 주지시켜 임상화학 검사 업무의 기초를 다진다.

➡ 임상유전학검사

유전과 관련된 기본적인 지식과 응용 분야에 대해 강의 및 실습을 통해 기초를 다진다.

➡ 병리조직학 및 실험

조직의 병리학적 변화를 현미경으로 관찰, 진단함에 있어 선행되어야 할 각종의 전 처리 기술을 습득시켜 임상 업무에 필요한 기본을 확립하고 그 외 조직화학적, 조직면역학적 특수 염색, 전자현미경 표본 제작 등으로 병리학적 진단 분야에 필요한 기술을 배운다.

➡️ 병원임상실습

임상에서 직접 환자와 검체를 대상으로 검체 채취에서부터 검사 분석을 거쳐 결과와 보고까지 실제 임상 검사 업무가 진행되는 장소에서 임상 실습 교육을 통해 기초를 다진다.

➡️ 혈액학

혈액 내에 존재하는 혈구의 조혈 과정 및 분화, 특징을 이해하고 혈구 세포들의 형태와 조절 기전의 이상과 관련된 질병을 분석하기 위한 다양한 방법 및 결과 해석을 배운다.

➡️ 면역학

면역학은 면역원, 면역 기구, 면역 반응, 면역에 의한 질병의 예방과 진단, 면역학적 치료에 대한 이론과 실기를 배운다.

임상병리과는 임상병리 검사와 관련된 업무를 잘 수행할 수 있는 유능한 임상병리사를 키우고자 한다. 임상병리과에서는 환자의 혈액이나 체액, 소변, 조직 등을 화학, 생물학, 물리학, 유전학적인 방법으로 분석하는 것을 배운다.

Ⓠ **임상병리사들이 일하는 곳이 다양하다고 들었는데, 대개 어떤 곳으로 진출하나요?**

Ⓐ 가장 많이 진출하는 곳은 의료기관입니다. 병원에서는 임상병리과, 해부/조직병리과, 핵의학과, 특수검사실, 건강관리과, 응급검사실 등에서 근무

할 수 있습니다. 또 각 보건기관의 임상병리검사실, 방역과, 의약과 등으로도 진출합니다. 또 대학의 각종 연구소, 임상병리 시약, 기기업체, 또 국립과학수사연구원 등에서 공무원으로 일할 수도 있습니다.

Ⓠ **국립과학수사연구원이 되고 싶은데 임상병리학과를 가면 관련된 일을 할 수 있나요?**

Ⓐ 국립과학수사연구원 직업채용공고를 보면 임상병리사 면허증 소지자 중 영어 및 워드 작업 능통자 우대라는 조건이 있습니다. 따라서 임상병리학과에서 관련된 지식을 습득한다면 충분히 과학수사요원으로 활동할 수 있습니다.

Ⓠ **검사와 연구가 주된 업무인 것 같은데, 임상병리사의 하루 일과는 어떻게 되나요?**

Ⓐ 출근해서 제일 먼저 장비를 켜고 하루 일과를 시작할 수 있는지 점검합니다. 장비점검이란 시약, 소모품, 모든 기능들이 제대로 작동하는지 살펴보고 이런 일들이 끝나면 정도관리를 하게 됩니다. 정도관리란 환자들의 검체를 넣었을 경우 정확한 결과라는 것을 확신한 후 일을 진행시킨다고 생각하면 될 것 같습니다. 보통의 사람들은 장비에 검체를 넣어주면 결과가 그냥 나오는 줄 알고 있으나 이런 복잡하고 어려운 과정을 거친 후 결과가 나옵니다. 퇴근 시 작업대를 청소하고 장비점검 및 시약정리를 다시 하면서 마무리합니다. 일상 업무 외에도 학회를 준비하고 병원에서 별도로 배정하는 업무나 교육활동을 합니다. 특히 임상병리사는 바이러스와 같은 세균들이 계속 새로 발견되고, 또 그런 것들을 진단하는 기계들도 계속 발전하고 있기 때문에 개인적인 공부를 하는 것도 매우 중요한 일입니다.

Q 4년제 임상병리학과가 개설된 학교를 소개해주세요.

A 4년제 임상병리학과는 25개 학교가 개설되어 있으며, 전문대학에는 30여 개 학교에 개설되어 있습니다. 자세한 정보는 학과 홈페이지를 통해 알 수 있습니다.

지역	대학명
서울, 경기	을지대, 신한대
충청, 대전	건양대, 극동대, 나사렛대, 남서울대, 단국대(천안), 대전대, 세명대, 순천향대, 중원대, 청주대, 호서대
강원	가톨릭관동대, 경동대, 상지대, 연세대(원주)
전라	한려대
경상	경운대, 김천대, 대구한의대, 동서대, 동의대, 부산가톨릭대, 인제대

💬 보건계열(임상병리사) 알맞은 적성 및 흥미

생명과학, 화학, 물리학 등 기초 과목에 대한 관심과 흥미가 필요하며, 분석적인 사고력이 필요하며 다양한 첨단의료장비를 사용하므로 여러 기계를 능숙하게 다룰 수 있는 능력이 요구된다. 미세한 세포, 미생물 등을 정확하게 봐야 하므로 색맹이어선 안 된다. 섬세하고 꼼꼼한 성격이 유리하며 정적이고 반복적인 업무를 수행하므로 끈기가 필요하다. 관습형과 탐구형의 흥미를 가진 사람에게 적합하며, 꼼꼼함, 신뢰성, 협조심 등의 성격을 가진 사람들에게 유리하다.

💬 관련 국가 자격

국가자격 : 임상병리사

보건소	병원 병리과	국민건강보험공단
전자현미경실 국립과학수사원	특수건강진단기관	의료정보업체

의무행정 및 보건정책학에서 수강하는 대표 과목은?

➡ 병원관리개론

병원행정 분야의 중간관리자로서 습득해야 하는 병원 행정의 제반사항에 기초지식을 제공하며 인사관리, 재고관리, 구매, 홍보, PR, 마케팅, 친절서비스, 위기관리 등의 내용을 배운다.

➡ 병원기획

병원기획의 개념과 방법 사례를 학습하며 조사방법, 정보시스템개발, 의료정보와 병원관리 진료 시스템에 대한 내용을 배운다.

➡ 병원자료관리

21세기의 정보화 시대에 정보처리 분야의 다양한 자료처리기법을 연구하고 효율적인 알고리즘을 사용하여 유용한 정보를 생산하는 데 필요한 기초지식을 습득하며 자료구조의 기본개념과 표현, 배열, 스택과 큐, 리스트, 트리와 그래프, 검색, 정렬, 파일, 데이터베이스를 배운다.

➡ 병원통계

병원 및 관련 보건의료기관에서 사용되고 있는 병원 및 진료 통계의 용어를 정확히 이해하기 위하여 통계용어 정의, 재원환자 통계, 퇴원환자 통계, 외래환자 통계, 기획 및 재정 통계, 외부보고 통계를 배운다.

➡ 의무기록관리학

의무기록서식, 전자의무기록, 정질량분석방법, 관리 및 색인 업무 등 의무기록 관련 실무 내용을 소개하고 의무기록 및 의료정보관리 전문가로서의 기본 지식을 습득하고 실무 전반에 관한 내용을 배운다.

➡ 보건의료행정

보건의료기관에서 이루어지고 있는 행정에 대한 이해와 원무, 보험, 의무기록 등의 전반적인 병원행정에 대한 체계적인 이해와 실무 능력을 배운다.

➡ 의료정보관리학

병원 의료정보, 의료행위, 의료정보 및 지식관리, 용어 및 분류체계 등에 대한 이론과 사례를 중심으로 의료정보 시스템에 대한 이해를 넓히고 컴퓨터 통신을 활용한 영상처리, 네트워크, 정보검색에 관한 지식을 배운다.

의무행정과는 보건의료에 대한 풍부한 교양을 쌓고 실무 능력을 키움으로써 다양한 보건의료 기관에서 의료정보를 활용하고 행정 실무를 책임질 인력을 키우고자 한다. 의무행정과에서는 기초 의학에 대한 지식을 바탕으로 의무 기록과 보건행정에 관한 기본 마인드를 배운다.

Ⓠ 의무행정학과 말고 다른 이름이 많이 있던데 주로 어떤 이름을 검색하면 확인할 수 있나요?

Ⓐ 보건행정학과, 의료경영학과, 의무행정학과, 의료정보시스템전공, 보건의료정보과, 의약정보관리과 등 다양한 이름으로 사용되고 있습니다.

Ⓠ **4년제 보건행정학과가 개설된 학교를 소개해주세요.**

Ⓐ 4년제 임상병리학과는 39개 학교가 개설되어 있으며, 이 외 전문대학에도 많이 개설되어 있으니 자세한 정보는 학과 홈페이지를 통해 자세하게 알 수 있습니다.

지역	대학명
서울, 경기	가천대, 고려대(보건정책학과), 을지대, 차의과학대
충청, 대전	건양대, 대전대, 우송대, 남서울대, 서남대, 중부대, 순천향대, 유원대, 중원대, 청주대, 공주대
강원	가톨릭관동대, 상지대, 경동대, 연세대(원주), 한림대,
전라	광주대, 광주여자대, 우석대, 동신대, 초당대, 한려대
경상	고신대, 동서대, 동의대, 부산가톨릭대, 신라대, 대구대, 영산대, 인제대, 경운대, 김천대, 대구한의대, 동양대, 한국국제대

💬 **보건계열(의무행정사) 알맞은 적성 및 흥미**

생명과학, 화학 등 기초 과학에 대한 관심과 흥미가 필요하며, 분석적인 사고력이 필요하며, 인내심이 많고 어려운 사람을 배려할 줄 알며, 이들을 위해 봉사할 수 있는 따뜻한 마음을 가진 사람이면 좋다. 평소 사람을 대하는 것을 좋아하고, 사람들과의 관계가 좋은 사람이 적합하다. 병원행정에 관한 내용들을 기록하는 일을 하므로 꼼꼼한 성격과 다양한 전산 시스템을 활용해야 하므로 컴퓨터를 잘하고 행정학 및 경영학에 관한 기본 지식이 있으면 유리하다.

💬 **관련 국가 자격**

국가자격 : 보건의료정보관리사(의무기록사)

민간자격 : 병원행정사, 건강보험사(의료보험사), 병원코디네이터, 요양보호사

💬 졸업 후 진로 및 취업

병원	보건직 공무원	국민건강보험공단
손해보험	의료정보업체	일반기업체

Ⓠ **방사선과를 나오면 MRI, PET 같은 고가의 장비를 촬영하는 일도 할 수 있나요?**

Ⓐ 네, 가능합니다. X선, CT 등의 장비를 다룰 수 있는 경력 있는 방사선사가 양전자 단층 촬영(PET)과 초전도 자석과 라디오 고주파를 사용하여 인체의 조직과 혈관 등을 3차원으로 검사하는 자기공명영상(MRI)을 촬영하는 일을 합니다. 최근에는 의학공학과를 졸업한 사람이 촬영과 장비 관리를 같이 할 수 있어 채용하는 경우도 있습니다. 따라서 촬영뿐만 아니라 관리하는 능력까지 갖추는 것이 중요합니다. 또한 PET장비는 선명한 영상을 보여주지 않기에 PET/MRI, PET/CT를 동시에 촬영하는 장비가 개발되었습니다.

초고감도 분자영상을 보여주는 PET와 고해상도 기능적 영상이 가능한 MRI를 결합한 융합 분자영상 시스템으로 진단 정확도 향상, 새로운 영상 바이오 마커 및 신약 개발, 방사선 피폭저감, 환자 편의성 향상의 장점이 있습니다.

졸업해서
나아갈 수 있는 분야

의료 분야

➜ 노인전문간호사

❖ 노인전문간호사는 어떤 일을 하는가?

노인전문간호사는 다양한 기관의 노인에게 1차 건강간호를 제공하는 전문가이다. 독자적으로 혹은 다른 건강 전문직인들과 함께 협동적으로 실무를 수행한다. 노인전문간호사는 노인들의 기능적 능력을 최대화시키고, 건강을 유지, 증진시키며, 장애를 예방하거나 최소화하는 데 노력한다. 특히, 욕창을 예방한다거나 노인의 건강상에 이상이 생기면 의료기관에 의뢰하는 일도 한다. 존엄성을 유지하며 죽음을 맞이할 수 있도록 돕는다. 노인전문간호사는 전문실무, 사례 관리. 교육, 의뢰, 연구, 행정까지 포괄적으로 관리한다.

❖ 어떻게 전문간호사가 될 수 있나?

전문간호사 제도는 2000년부터 시행되었다. 의료법이 정한 전문간호사 분야는 가정, 감염관리, 노인, 마취, 보건, 산업, 아동, 응급, 임상, 정신, 종양, 중환자, 호스피스 등 총 13개 분야이다. 전문간호사 자격인정 등에 관한 규칙에 의거 2년 이상의 전문간호사 교육과정을 수료하여 간호사 면허를 취득하고, 해당 분야의 기관에서 3년 이상 간호사로서의 실무능력을 쌓은 다음 전문간호사 교육과정을 신청할 수 있다. 노인전문간호 교육기관은 가천대, 건양대, 경북대, 경상대, 경희대, 계명대, 고려대, 고신대, 단국대, 대구가톨릭대, 대전대, 동의대, 부산가톨릭대, 부산대, 삼육대, 성신여대, 아주대, 연세대, 을지대, 이화여대, 인제대, 인하대, 전남대, 전북대, 중앙대, 충남대, 한림대, 한양대에서 교육을 받을 수 있다.

❖ 이 직업의 미래전망은 어떤가?

고령화시대에 접어들면서 노인인구는 지속적으로 증가하여 앞으로 그 수요는 계속 증가할 것이다. 사회, 경제적인 여건으로 인하여 가족이 전적으로 노인부양을 책임질 수 없어 집이나 관련시설에서 노인을 모시는데, 이때 건강상의 문제를 해결할 수 있는 전문가의 도움을 필요로 하기에 그 수요는 더 늘어날 것이다. 노인전문간호사의 근무형태는 기관마다 다르지만, 대부분 3교대 근무를 하며, 임금 또한 근무환경, 경력, 하는 일 등에 따라 다양하다. 하지만 노인 관련 기관은 병원과 복지기관에서 일하며 임금이 그리 높지 않으며, 장기투병중인 노인을 대상으로 하여 경제적, 심리적으로 지친 가족을 상대로 하기 때문에 힘든 점이 있다. 그러나 건강만 허락한다면 70세 이상의 나이에도 일을 할 수 있다.

➡ 감염전문간호사

❖ 감염전문간호사로서 필요한 역량은 무엇인가?

감염관리간호사의 총 핵심역량은 감염성 질병과정의 역학 및 확인, 감염감시 및 역학조사, 감염원인체의 전파예방 및 관리, 직원건강, 관리와 의사소통(리더십), 새로운 전염병 교육 및 연구 등이 있다. 그 중에서 직원건강관리가 가장 중요하다. 세부항목별로는 '손위생에 대한 감염예방 및 관리전략 적용'이 가장 높았으며, '격리주의의 시작과 종료에 대한 감염예방 및 관리전략 적용'이 뒤를 이었다. 가장 점수가 낮은 항목은 '임상결과와 재정영향에 기초한 실무변화에 대한 권고' 등이 있다.

❖ **감염전문간호사는 어떤 일을 하나?**

감염전문간호사는 의료 관련 감염의 관리지침을 만들어 감염이 발생하지 않도록 사전 예방 작업을 하며, 감염이 발생했을 때 보고, 조사 등을 실시한다. 또한 의료 감염지침을 놓고 직원들을 대상으로 감염관리 교육을 하거나 직원들을 상대로 자문을 한다. 예를 들어, 손을 씻는다고 하면 5분마다 씻는 게 좋은지, 수술 전에 씻는 게 좋은지, 비누로 씻는 게 좋은지, 소독제를 이용하는 게 좋은지 등 여러 방법 중 효과가 좋은 방법이 어떤 것인지를 확인해 관련 규정을 만든다. 어떤 과에서 어떤 수술을 했더니 감염균이 발생하는 것 같다거나 검사실에서 그동안 안 나오던 균이 나왔다는 등의 보고를 받으면 그 요인을 확인한다. 이런 과정을 거쳐서 감염 문제를 사전에 막고, 이미 발생한 문제에 대해서는 해결 방안 등을 찾아 감염이 발생하지 않도록 조치를 취한다.

❖ **이 직업의 미래전망은 어떤가?**

2012년 300병상 이상의 병원에서는 감염관리 전담자를 두도록 의료법이 바뀌었고, 2015년 200병상 이상의 병원의 경우, 감염관리위원회, 감염관리실, 전담인력을 배치하도록 되어 있다. 특히 최근 들어 장기요양시설이 늘면서 요양시설에 입원하는 환자들을 통해 발생하는 의료 관련 감염이 문제가 될 때가 많다.

현장에서 감염의 중요성이 부각되고 있으며, 국가적으로도 큰 관심사이다.

복지부는 '제3차 국민건강증진종합계획(HP2020)'을 통해 '감염관리전문가 중앙자문위원회'를 구성해 의료기관 인증평가를 할 때 감염관리 평가항목을 강화하고, 관련 의사 및 간호사 인정제도 시행 등을 검토하고 있어 수요는 증가할 것이다. 특히, 인플루엔자 바이러스는 크게 A, B, C 세 가지가 있는데, 이 중 A형은 10~15년마다 항원 대변이(antigenic shift)를 만들어내며 대유행을 일으킨다. A형 인플루엔자는 바이러스 표면 항원인 적혈구응집소(hemagglutinin, H)와 뉴라민분해효소 (neuraminidase, N)라는 두 가지 단백질이 어떻게 구성되느냐에 따라 달라지고, 그 변이가 자주 발생하여 전파 역시 활발해지고 있다. 그래서 관련 전문가의 필요성은 늘어나고 있다.

➡ 방문전문간호사

❖ 방문전문간호사는 어떤 일을 하나?

거동이 불편하여 외부 출입이 어려운 홀로 있는 독거노인 등을 방문하며 만성질환관리를 한다. 그 중 농어촌지역 어르신들은 고혈압, 당뇨, 관절염 등 만성질환을 갖고 있으며, 체중도 많이 나가고 있는 상태여서 매 방문 시마다 혈압·혈당검사 및 복약지도와 운동지도 등 보건교육을 실시한다. 또한 기초생활수급자, 장애인 등 건강 취약계층 분들에게 방문하여 의료서비스를 제공하고 있다.

❖ 이 직업의 미래전망은 어떤가?

복지부에서 2022년까지 방문간호사 3천500명을 추가 선발할 예정이다. 그런데 현재는 비정규직 기간제 신분이어서 불안한 신분과 과도한 업무, 인력 부족 등의 문제를 해결해야 한다. 예를 들어 사회복지직 공무원이 동별로 4~6명이 있는 것에 비해 턱없이 적은 인원으로 간호사 한 명당 담당하는 돌봄 대상자가 수백 명에 달하는 실정이다. 각종 출장수당, 교통비도 지원을 안 해주는 실정이다. 서울시는 건강검진비와 피복비, 자격수당 등을 지급하며 처우 개선을 위한 노력을 하고 있지만, 고령자·정신장애인 지역사회 돌봄의 최첨병 역할을 하기에 필요성이 높아지고 있다. 따라서 지역보건법을 개정하여 공무원 정규직으로 채용하기 위한 노력을 하고 있기에 앞으로 전망이 밝다.

❖ 방문전문간호사도 공무원인가?

2007년 전국 254개 보건소를 중심으로 시작한 방문건강관리사업은 기초생활수급자, 장애인, 독거노인 등 건강 취약계층의 의료접근성을 높여 건강 형평성을 제고하고 국민의료비를 절감하는 등 삶의 질 향상에 기여해 왔다. 그렇지만 방문간호사들은 무기계약직, 기간제로 고용돼 전문성, 책임성, 업무 연속성, 협업이 필요함에도 그간 고용 불안을 겪어왔다.

보건소에 방문 건강관리 전문인력을 전담공무원으로 둘 수 있도록 하는 지역보건법 일부개정법률안이 2018년 11월 5일 국회 보건복지위원회 법안심사소위원회를 통과하여 전담공무원으로 전환되어 의료서비스를 제공하고 있다.

➡ 수의학테크니션

❖ 우리나라에서는 동물간호복지사 명칭으로 일을 한다고 하는데 구체적으로 어떤 일을 하나요?

동물간호복지사란 동물병원이나 그 외 관련된 기관에서 수의사의 진료 보조, 각종 실험실 검사, 임상병리 검사 등의 업무를 담당하며, 동물의 소변검사, 피검사, 엑스레이 검사 등 진료 서비스를 제공하며, 치료 및 진료 보조합니다. 수의사 진단 및 분석을 보조하고, 동물의 행동과 상태를 관찰하고 응급상황 시 응급처치 및 간호를 담당하는 역할을 합니다. 단순히 수의사를 돕는 동물간호사가 아니라, 전문적인 지식과 기술을 지닌 수의테크니션으로 활동하는 나라가 많아지고 있기에 우리나라도 머지않아 그런 날이 올 것이라고 생각됩니다.

❖ 최근 수의테크니션 제도가 통과되어 우리나라에서는 동물보건사로 명칭이 조정되었다고 들었습니다. 어떤 조건을 이수해야 자격을 획득할 수 있나요?

'동물보건사' 자격은 전문대학 이상 학교의 동물간호 관련 학과를 졸업하고 자격시험에 합격한 사람에게 주어질 전망입니다. 동물보건사의 업무는 동물병원 내에서만 국한되어, 수의사의 지도 아래 동물 간호, 진료보조 업무에 종사하게 됩니다. 특히, 약물 오남용의 위험성이 커서 전문적인 판단이 필요한 주사 및 채혈 등의 침습적 의료행위는 제한될 것으로 예상됩니다.

❖ 미국에서 수의테크니션 자격을 획득할 수 있는 방법이 있나?

일단 고졸 이상의 학력이 우선되어야 하고, 미국수의사협회에 의해 공인된 2년 간의 수의테크니션 프로그램을 이수해야 가능하다. 알래스카, 캘리포니아, 위스콘신 3개 주는 현장훈련으로 대체가 가능하고, 다른 모든 주는 수의테크니션 프로그램을 이수하고 국가 시험을 통과해야 한다. 그런데 미국에서 수업을 듣는데 어려움이 있다면 9개의 원격 학습 프로그램으로도 이수가 가능하다.

제약 분야

➡ 의료기기 코디네이터(클리니컬 코디네이터)

❖ 간호사처럼 의료 전문적인 지식이 필요한 이유는?

만성신장질환자는 복막투석과 혈액투석을 해야 한다. 혈액투석은 3~4일마다 병원에 방문하여 혈액을 투석받아야 하므로 많은 시간을 병원에서 허비하기에 직장생활이 힘들 수 있다. 그래서 복막투석을 하는 경우가 많은데 환자들이 복막투석을 잘 할 수 있도록 제품 사용법과 질문에 답변을 해줄 수 있는 의료기기 코디네이터가 필요하다.

➡ 임상시험관리요원

❖ 임상시험관리요원은 어떤 일을 주로 하나?

신약에 대한 임상시험이 진행되면서 임상시험이 제대로 잘 진행되는지 관리를 해야 한다. 간호사는 의사들과의 커뮤니케이션도 잘 되고, 평소 병원에서 하던 업무와 비슷하기에 적합하다고 평가되어 최근 제약회사에서 많이 선발하고 있다. 특히 임상업무 특성상 증례보고서와 차트 확인 등 모니터링 업무를 봐야 하기에 간호사가 적합하다. 국내 최대 임상시험관리요원을 보유하고 있는 사노니-아벤티스의 경우 40명 중 20명 정도가 간호사로 일하고 있다.

➡ 제약회사 마케터

❖ 제약회사 마케팅을 간호사가 하는 이유는?

임상에서는 기존에 많이 하던 치료를 적용하지만, 마케팅은 새로운 제품과 새로운 치료군을 먼저 접하는 이점이 있다. 또한 간호학에 대한 기본지식을 가지고 있기에 의료 마케팅을 진행할 때 환자나 질병 자체에 대한 이해의 폭이 넓어 마케팅 포인터를 잘 찾아 진행할 수 있는 장점이 있다. 또한 새로운 의료기기, 프로그램 론칭을 준비하면서 인터뷰 시 환자를 사전에 만나 환자가 필요한 것이 무엇인지 더 빨리 찾아낼 수 있는 장점이 있다.

공무원 분야

➡ 보건교사

❖ 보건교사의 장점은 무엇이 있나?

만 62세까지 근무할 수 있으며, 보건교육만을 담당하기에 수업에 대한 부담감도 적다. 주 5일 근무와 방학이 있어 시간 활용이 자유롭다. 학교 안전계획을 수립하고 돌발사고가 발생할 경우 응급처치만 하고 병원으로 이송하기에 책임에 대한 부담감이 매우 적다. 그러나 단점으로는 학교 전염병 예방 사업을 보조하고 학교 급식 및 조리장 청결상태 등을 확인하는 일을 해야 하는 부담감이 있다.

➡ 건강보험공단

❖ 간호사가 국민건강보험공단에 취업 시 직렬은?

간호사 면허가 필요한 곳은 건강직과 요양직이다. 건강직은 공단-보건소-민간의료기관 등 지역사회 협력체계를 구축하여 지역사회복지개발 업무, 건강검진 사후

관리, 건강운동관리 업무를 담당한다. 요양직은 사회보험 제도를 지원하는 장기요양 업무, 장기요양보험 신청자의 장기요양 등급판정 업무를 담당한다.

→ 식품의약품안전평가 연구간호사

❖ 연구간호사가 하는 일은 무엇인가?

임상시험을 실질적으로 지원하고 운영하는 사람으로 책임연구자의 지휘하에 의약품 임상시험관리기준의 원칙에 따라 임상연구 및 시험의 조정과 수행에 책임을 가지고 일하는 사람을 연구조정자라고 하며, 이중 간호사를 연구간호사라고 한다. 서울대 임상시험센터에 있는 연구간호사는 매주 토요일에는 임상시험과 직간접적으로 관련된 분야에 대한 저널 또는 책을 중심으로 세미나를 하고, 목요일에는 연구간호사들만의 저널 초독회를 하는 등 임상시험과 관련한 다양한 연수 프로그램을 개최함으로써 임상시험에 관여하는 연구자 및 간호사로 하여금 폭넓은 지식을 제공하여 원활한 업무를 수행할 수 있도록 지원하고 있다.

→ 과학수사연구원

❖ 임상병리사로 국립과학수사연구원으로 활동할 수 있나?

국립과학수사연구원의 검시관은 간호사, 임상병리사 자격을 가지면 임무를 수행할 수 있다. 부검은 법의관이 하지만, 검시관은 부검이 끝나고 난 후 증거품 또는 사건 현장에서 나온 혈흔 등을 조사하여 DNA검사나 지문검사 등의 분석 업무를 수행한다. 그래서 임상병리사로 국과수에 취업하기가 용이하다.

핵심 키워드로 알아보는 간호학

➡️ 연세대 간호학과

Ⓠ 인문계열의 학생인데 연세대 간호학과를 갈
수 있을까요?

Ⓐ 간호학과는 교차지원이 되기 때문에 인문
계열의 친구들도 가능합니다. 특히 정시에
서는 다른 대학에 비해 인문계열의 친구들을
많이 뽑고 있습니다. 하지만 인문계열의 친구들
이 진학했을 때 학업에 어려움을 겪는 경우가 간혹 있
습니다. 그러므로 고등학교 시절 생명과학, 화학을 수강하고, 영어는 원서
를 읽을 정도로 준비하면 좋을 것 같습니다.

➡️ 고려대학교 간호학과

Ⓠ 저는 앞으로 노인 인구들이 많아질 것 같아서 노인들을 케어할 수 있는 노인간
호학을 전공하고 싶은데 가능할까요?

141

Ⓐ 고려대 간호학과는 기본간호학을 비롯한 성인간호학, 아동간호학, 모성간호학, 정신간호학, 지역사회간호학, 간호관리학, 노인간호학 등 다양한 파트가 있기 때문에 그 중에서 노인간호학을 전공하면 됩니다.

노인간호학은 노인과 관련된 사회, 심리, 생리적 변화를 이해하고, 주요건강문제를 파악하여 노인의 건강유지·증진을 위한 간호 조정 방법을 학습합니다.

특히 노인인구의 급격한 증가로 인해 나타나는 다양한 건강문제 및 관련된 모든 내용을 공부한다고 보면 됩니다.

핵심 키워드로 알아보는 물리치료·작업치료학

➡ 가천대학교 물리치료학과

Ⓠ **가천대 물리치료학과를 졸업하면 취업은 어디에 많이 하나요?**

Ⓐ 네, 가천대 물리치료학과는 교육부 특성화 사업 수도권 1위 대학입니다.

의료기관 : 종합병원, 한방병원, 노인전문병원, 병·의원, 보건소

재활의료 관련 분야 : 장애인 및 가정 복지관, 노인 복지관, 재활원, 양로

원, 경로원, 치매센터, 호스피스

스포츠 관련 분야 : 프로 및 아마 스포트 구단 트레이너, 국민체력센터, 각종 스포츠 연구소

산업보건 분야 : 산업체 건강관리, 의무실

의료기 분야 : 의료기기 및 의수족 보조기 제작 분야

기타 분야 : 특수학교 치료교사, 가정방문 노인물리치료사 등 다양한 곳에 취업을 합니다.

➡ 을지대 물리치료학과

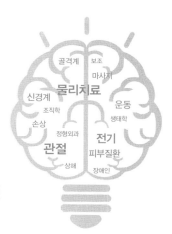

Q 을지대 물리치료학과는 졸업 후 취업이 잘 되기 위한 재학생 프로그램이 있나요?

A 네, 우선 상시진로지도 시스템을 도입하고, 동문선후배 멘토링을 하고 있습니다. 또한 해외 인턴십을 통한 해외 취업 활성화 및 취업지원관 제도를 실시하고 있습니다.

그리고 현장 맞춤형 교육도 진행되고 있습니다. 우선 1학년 겨울방학 5일 간 조기 현장견학을 실시하고 있고, 4학년 1학기 때 단계별 현장 실습을 실시하고 있습니다. 산업체의 요구도 조사와 실습 평가서, 지도서를 활용하여 지속적인 피드백을 하고 있습니다.

➡ 순천향대학교 작업치료학과

Q 작업치료학과의 전망은 좋은가요?

A 향후 몇 년간은 고용이 계속 증가될 것으로 보입니다. 사회복지 제도가 확대되면서 장애 아동을 위한 바우처 사업이 많이 증가하고 있으며, 노인인구 증가에 따른 재활 수요 증가, 요양병원 및 재활병원 증가 등도 작업치료사의 수요를 증가시킬 것으로 예상됩니다.

인구 고령화로 인해 노인성 질환 및 만성퇴행성 환자가 증가하고 있으며, 병원도 노인전문병원, 치매전문병원, 재활병원 등으로 세분화되면서 작업치료사에 대한 수요가 증가할 것으로 전망됩니다.

핵심 키워드로 알아보는 스포츠의학

➡ 국민대학교 스포츠건강재활학과

Q 스포츠건강재활학과에서는 주로 어떤 내용을 공부하나요?

A 자연과학에 근거한 인간의 운동과학을 전문적으로 배우는 응용학문이며 현장적용학문입니다.

생물학, 화학, 물리학을 근간으로 인간의 운동, 건강, 안전, 상해예방 및 재활 등과 관련된 교과목을 집중적으로 배웁니다.

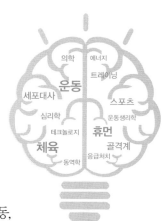

운동기능과 경험을 바탕으로 운동학 이론이 어떻게 인체와 사물에 적용될 수 있는지를 심도 있게 학습합니다.

사회적 수요변화에 부흥하는 학문 주제와 소재를 발굴하고 운동과학의 새로운 패러다임을 추구하고, 학교체육, 생활스포츠, 전문스포츠, 예방운동학, 건강학, 재활운동학 등의 영역에 적용될 수 있습니다.

➡ 건양대학교 재활퍼스널트레이닝학과

Q 재활퍼스널트레이닝학과에 대해 간단하게 설명해주세요.

A 지금은 개인의 요구에 따라 체력 및 건강을 관리하기 위하여 맞춤식 운동 프로그램을 개발 및 지도해주는 퍼스널 트레이너, 선수들의 경기력 향상을 위해 전문적으로 체력을 향상시켜 주는 경기 트레이너와 나아가 손상으로부터 최대한 빠른 회복을 통하여 시합으로 복귀를 가능하게 해주는 재활운동 트레이너가 필요합니다.

건양대 재활퍼스널트레이닝학과는 일반인과 선수들의 다양한 요구에 따라 전문적으로 운동을 지도해줄 수 있는 고급 운동지도사를 육성하는 데 교육 목적을 두고 있습니다.

핵심 키워드로 알아보는 보건행정학

⮕ 고려대학교 보건정책관리학부

Q 보건정책관리학과와 보건행정학과는 같은 학과
인가요?

A 고려대 보건정책관리학부는 보건행정학과
와 환경보건학과가 융합되면서 모든 사람들
이 건강하게 살아갈 수 있도록 사회를 디자인
하고 관리하는 학문을 배우는 학과입니다. 보건정
책관리학부는 급변하고 있는 우리 사회의 보건문제들을 과학적으로 진단
하고 모든 사람들이 건강하고 행복할 수 있는 길을 안내하고 대안을 제시
할 수 있는 인재 육성을 목표로 하고 있습니다.

국제 원조와 도움을 필요로 하는 제3세계 국가들의 국민들과 함께 건강한
사회를 만들어갈 수 있는 인재와 지구온난화부터 환경오염까지, 건강불평
등부터 근로자들의 건강문제까지 다양한 도전에 능동적으로 대처하여, 인
류 모든 사람들이 함께 건강할 수 있는 사회를 만들어갈 인재를 육성하고
있습니다.

⮕ 단국대학교 보건행정학과

Q 보건행정학과에서는 어떤 과목을 주로 배우고 진로는 어떻게 되나요?

A 보건행정학은 보건학의 기본 지식을 습득하여 정부의 보건의료정책과 보
건의료기관의 운영에 적용하는 학문으로 다학제적 성격을 가지고 있습니

다. 본 전공은 보건학개론, 의학용어 등 보건학과 의학의 기초 지식을 습득하고 보건의사소통론, 보건통계학, 건강보험 제도 등 보건행정 분야의 중요한 영역들에 대한 기본 지식을 익힙니다.

보통 보건행정기관(보건복지부, 보건소) 병원과 국민건강보험공단 등의 공공 의료 기간에 근무하고 있습니다.

핵심 키워드로 알아보는 응급구조학

➡ 가천대학교 응급구조학과

Q 응급구조학과를 나오면 응급구조사 자격증이 나오나요? 그리고 1급 2급은 어떻게 다른가요?

A 1급은 심폐소생술의 시행을 위한 기도유지 삽입, 기도 삽관, 정맥로 확보, 인공호흡기를 이용한 호흡 유지, 약물투여 등을 할 수 있습니다. 2급 응급구조사는 구강 내 이물질 제거, 기본 심폐소생술, 산소투여, 사지 및 척추 등의 고정, 심박-체온 및 혈압 등의 측정, 혈압 유지 등을 할 수 있습니다.

가천대 응급구조학과는 4년제 1급 응급구조사를 양성하는 선두적인 역할을 하고 있습니다. 그리고 가천대 길병원 및 서울, 경기 지역의 권역응급의료센터로 임상실습하고 있습니다.

→ 을지대학교 응급구조학과

Q 응급구조학과에서는 응급구조사 자격증만 딸
수 있나요, 아니면 다른 자격증도 가능한가요?
그리고 취업은 119 구급대 외 다른 곳에서도 일
을 할 수 있나요?

A 네, 다양한 자격증 취득이 가능합니다. 1급응
급구조사, 응급처치강사, 수상인명구조원, 육상무
선통신사, 재난안전관리사, 미국BLS-Provider 등이 있습니다.
취업은 다양한 곳에서 할 수 있습니다. 소방직공무원, 교정직공무원, 보건
직공무원, 응급의료정보센터, 권역 및 지역응급의료센터, 의료기관, 소방
학교, 공항소방대, 의료기업체, 산업체의무실, 창업(민간이송업) 등이 있습
니다.

계열별 연계 도서와
동영상을 추천해주세요

간호학계열 추천도서와 동영상

💬 추천도서

도서명	지은이	출판사
내 체질 사용설명서	이병삼	청홍
의학 오디세이	신동원 외	역사비평사
사랑의 돌봄은 기적을 만든다	김수지	비전과 리더십
치유의 예술을 찾아서	버나드 라운 외	몸과 마음
나는 고백한다 현대의학을	아툴 가완디 외	동녘사이언스
새로 만든 내 몸 사용설명서	마이클 로이젠 외	김영사
아주 중요한 거짓말	실리아 파버 외	씨앗을뿌리는사람
장관이 된 간호사	김화중	강빛마을
나이팅게일의 간호론	플로렌스 나이팅게일 외	현문사
내 몸 안의 지식여행 인체생리	다나카 에츠로 외	전나무숲

💬 추천 동영상

대한병원코디네이터협회 http://www.khca.or.kr

"원격진료로 국군장병 건강 지킨다" / YTN

http://www.youtube.com/watch?v=bDQsXPDDY7I

보건복지부 – 원격의료 체험(장애인편) http://www.youtube.com/watch?v=igKmkZ5lLJM

대한간호협회 http://www.koreanurse.or.kr/

한국간호교육평가원 http://www.kabone.or.kr/

한국보건 의료인국가시험원 http://www.kuksiwon.or.kr

[미래직업] 고령인구 다문화 직업 – 노인 전문 간호사

http://www.youtube.com/watch?v=5i2zZtQVC5g

💬 K-MOOC 참고 동영상

가족과 건강: 알기 쉬운 간호학

이복임 | 울산대학교
2019/09/03 ~ 2019/11/04

금연과 건강한 삶

손민 외 2명 | 인하대학교
2019/09/02 ~ 2019/12/22

금연과 건강한 삶

손민 외 2명 | 인하대학교
2019/03/04 ~ 2019/06/23

금연과 건강한 삶

| 인하대학교
2018/09/03 ~ 2018/12/16

가족과 건강: 알기 쉬운 간호학

| 울산대학교
2017/10/17 ~ 2017/12/18

💬 TED 참고 동영상

Carolyn Jones
간호사를 향한 찬사
Posted May 2017

Alice Rawsthorn
검은 수염, 나이팅게일 그리고 다른 반역의 디자이너들
Posted May 2016

Rola Hallam
시리아를 재건하는 의사, 간호사 및 구호활동가들
Posted May 2018

Atul Gawande
전문가가 되고 싶다면 코치를 고용하세요
Posted Dec 2017

Brian Goldman
Brian Goldman: 의사들도 실수를 합니다. 이에 대해 얘기를 나눠볼까요?
Posted Jan 2012

LB Hannahs
트랜스젠더 아빠가 된다는 것
Posted May 2018

물리치료·작업치료학계열 추천도서와 동영상

💬 물리치료학과 추천도서

도서명	지은이	출판사
내 체질 사용설명서	이병삼	청홍
새로 만든 내 몸 사용설명서	마이클 로이젠 외	김영사
암에 대해 알아야 할 모든 것	서울대학교암병원	서울대학교출판
내 몸 안의 질병의 원리 병리학	하야카와 긴야 외	전나무숲

의사가 당신에게 알려주지 않는 몸의 비밀	우창중 외	부광
서민의 기생충 열전	서민	을유문화사
인체는 건축물이 아니다	이문환	책과 나무
하루 15분 기적의 림프 청소	김성중 외	비타북스
고맙다, 줄기세포	라정찬	끌리는책
자연치유 혁명	김동석	상상출판
운동과 건강-삶의 질 향상을 위한	안의수	현문사

💬 추천동영상

대한병원코디네이터협회 http://www.khca.or.kr

"원격진료로 국군장병 건강 지킨다" / YTN

http://www.youtube.com/watch?v=bDQsXPDDY7I

보건복지부-원격의료 체험(장애인편) http://www.youtube.com/watch?v=igKmkZ5lLJM

대한간호협회 http://www.koreanurse.or.kr/

한국간호교육평가원 http://www.kabone.or.kr/

한국보건 의료인국가시험원 http://www.kuksiwon.or.kr

[미래직업] 고령인구 다문화 직업 – 노인 전문 간호사

http://www.youtube.com/watch?v=5i2zZtQVC5g

한국노인복지중앙회 http://www.elder.or.kr

한국재가노인복지협회 http://www.kacold.or.kr

[잡매거진] 노년 플래너-신직업 내일을 잡job아라

http://www.youtube.com/watch?v=6hay9hhNBJc

💬 작업치료학과 추천도서

도서명	지은이	출판사
암에 대해 알아야 할 모든 것	서울대학교암병원	서울대학교출판
수백만 명을 살린 국제 보건의 성공사례	룻 레빈 외	조명문화사
내 체질 사용설명서	이병삼	청홍
고맙다, 줄기세포	라정찬	끌리는책
하루 15분 기적의 림프 청소	김성중 외	비타북스
새로 만든 내 몸 사용설명서	마이클 로이젠 외	김영사
의사가 당신에게 알려주지 않는 몸의 비밀	우칭중 외	부광
서민의 기생충 열전	서민	을유문화사
라마찬드란 박사의 두뇌 실험실	빌라아누르 라마찬드란 외	바다출판사
운동과 건강–삶의 질 향상을 위한	안의수	현문사
내 인생의 탐나는 심리학 50	톰 버틀러 보던 외	흐름출판

💬 작업치료 TED 추천동영상

Mathias Basner
소음이 건강에 나쁜 이유와 대처 방법
Posted Feb 2019

Joel Selanikio
의료 보건계에서 빅 데이터 혁명을 일으키는 놀라운 씨 앗
Posted Jul 2013

Giulia Enders
놀라울만큼 매력적인 장의 과학
Posted Nov 2017

Rusha Modi
**속 쓰림은 왜 발생할까요? |
루샤 모디(Rusha Modi)**
Posted Nov 2018

Anna Rothschild
**지저분한 과학을 좋아해야
하는 이유**
Posted Jun 2018

Abraham Verghese
**아브라함 베퀴즈 : 의사의
손길**
Posted Sep 2011

스포츠의학계열 추천도서와 동영상

추천도서

도서명	지은이	출판사
과학 축구	신재명	한울
운동화 신은 뇌	존 레이티 외	북섬
새로 만든 내 몸 사용설명서	마이클 로이젠 외	김영사
알고 달리자	체육과학연구원편집부	대한미디어
스포츠 문화를 읽다	니오우에 슌 외	레인보우북스
운동과 건강–삶의 질 향상을 위한	안의수	현문사
스포츠 응급처치	Melinda J.Flegel	한미의학
몸을 살리는 조언	아시다 히로미 외	세종서적
일상적이지만 절대적인 스포츠 속 수학지식	존 D.배로 외	동아엠앤비
New 근육운동가이드	프레데릭 데라비에 외	삼호미디어

💬 K-MOOC 추천동영상

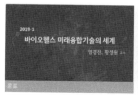

바이오헬스 미래 융합기술의 세계

│ 건국대학교(글로컬)
2019/03/04 ~ 2019/06/14

소매틱 재활

│ 대구대학교
2019/03/04 ~ 2019/06/17

음악은 왜 치료적인가?

│ 성신여자대학교
2019/03/04 ~ 2019/06/16

아동과 청소년의 건강환경 Ⅰ

김종희 │ 성신여자대학교
2019/03/04 ~ 2019/04/21

WHY, HOW로 풀어보는 생리학

이경환 │ 원광보건대학교
2018/11/26 ~ 2019/02/03

디지털 치료제(digital therapeutics)'란 전통적 의미의 약을 먹거나 주사로 맞는 약이 아니다.
소프트웨어(SW)나 하드웨어(HW)를 활용하여 환자를 치료하며,
질병 및 장애를 예방하는 디지털 기술을 의미한다.

PART
4

약학 · 제약계열
진로 사용설명서

대학에 들어가서
수강하는 과목

약학에서 수강하는 대표 과목은?

➡ 무기약화학

물질에 대한 화학적 기본 개념, 원소의 주기율, 원자의 구조, 화학결합론, 물질의 구조와 물리적 성질의 관계, 기체론, 액체 및 고체 등에 대해 배운다.

➡ 약용식물학

약용 식물의 계통 분류별 특징을 조사하고, 외부 형태 관찰 및 내부 조직의 특징을 관찰하며, 특히 세포 내 함유물을 일반 성분과 약효 성분으로 분류하여 배운다.

➡ 약품생화학

효소의 성질과 작용 및 생체대사물의 에너지 생성 과정과 에너지 효율, 이용 방법 등을 다루며 영양물의 대사, 합성 과정에 대해 중점적으로 배운다.

➡ 약품미생물학

다양한 미생물의 기본 구조, 영양, 성장, 대사, 유전 등 생활사 전반에 대한 기초 지식을 배운다.

➡ 약품합성학

의약품의 합성에 이용되는 제법들을 반응 유형별로 분류하여 연구 토의하고 의약품의 합성 및 기본 구조 변화에 관한 반응 경로, 입체 선택성 및 합성 접근 방법들을 배운다.

➡ 약품분석학

약품 분석의 기초가 되는 약물의 분리 및 확인에 대한 기본 원리를 이해하고, 응용에 관해 배운다.

현재는 일반학과 2년 수료 후 약학대학입문시험을 통해 약학대학에 입학할 수 있으며, 4년 과정 후 국가면허에 합격하면 약사면허가 주어진다. 2022학년도부터는 학부 신입생을 선발하기로 결정되어 2022학년도 입학생부터는 6년 과정 졸업 후 국가면허 시험을 응시할 수 있다. 약학과의 경우 천연물에서 약을 개발하는 생약학 분야, 에너지 대사 및 생체방어 등을 다루는 생화학 분야, 의약품 구조 및 약리작용을 연구하는 약품분석학 분야, 식품이나 화장품 등의 안전성을 연구하는 위생약학 분야, 의약품의 혼합, 용해, 여과, 멸균 등의 제제공정에 대해 연구하는 제제공학 분야 등으로 나눌 수 있다.

Q 신약을 개발하고 싶은데 어떤 과정을 통해 개발이 되나요?

A 신약개발과정은 크게 연구(Research)단계와 개발(Development)단계로 구분됩니다. 첫 번째 연구단계(탐색)는 의약학적 개발목표(목적효능 및 작용기전 등)를 설정하고, 신물질의 설계, 합성 및 효능검색 연구를 반복하여 개발대상 물질을 선정하는 단계입니다. 두 번째 개발단계는 대상물질에 대한 대량제조 공정개발, 제제화 연구, 안전성평가, 생체 내 동태규명 및 임상시

험을 거쳐 신약을 개발해가는 과정을 포함합니다. 효능이 있는 약이 개발되었다면 전임상 시험(동물실험), 임상1상 시험(건강한 사람 20~80명 정도 안전성 집중검사), 임상2상 시험(100~200명 소규모 환자들을 대상으로 약물의 약효와 부작용 평가), 임상3상 시험(다수의 환자를 대상으로 한 약물의 유용성을 확인)을 통해 신약이 출시됩니다. 이후 임상4상 시험(시판 후 부작용이 없는지 안전성 및 유효성 검사 확인)의 과정을 거칩니다.

Q 복제약 중에서 바이오시밀러(Biosimilar)와 제네릭(Jeneric)의 차이점이 있나요?

A 제네릭은 화학적인 합성을 통해서 동일한 구조로 만들어지는 복제약을 말합니다. 일상생활에서 이미 많이 사용하고 있는, 기존에 존재하던 약품들을 화학 합성하여 특허(보통 20년)가 만료되고 화학적인 부분만 동일하다는 것을 증명해내면 누구든지 허가를 얻은 뒤 만들어서 판매할 수 있습니다. 화학적으로 동일하다면 약리학적으로 동일성도 쉽게 얻어낼 수 있습니다.

바이오신약은 몸에서 나오는 호르몬과 단백질을 이용해 이 속에 있는 유전정보들을 다른 미생물이나 세포 등에 이식해서 배양하고 생산하여 만들어진 약품인데, 바이오시밀러는 화학 합성을 이용하지 않고 약품을 제조하는 것으로 훨씬 더 복제하고 제조하기 힘듭니다. 최초의 바이오 신약은 당뇨병 치료제 인슐린입니다. 이런 바이오 약품은 화학 합성만으로는 똑같은 제품을 만들 수 없다는 점이 특징입니다.

Q 약대 정원을 알 수 있을까요?

A

지역	대학명	정원(명)	대학명	정원(명)
강원	강원대	40		
경기	가톨릭대	30	성균관대	65
	동국대	30	차의과학대	26
	아주대	30	한양대(에리카)	30
경남	경상대	30	인제대	30
광주	전남대	60	조선대	75
대구	경북대	30	대구가톨릭대	50
	계명대	30	영남대	70
대전	충남대	50		
부산	경성대	30	부산대	70
서울	경희대	40	서울대	63
	덕성여대	80	숙명여대	80
	동덕여대	40	이화여대	120
	삼육대	30	중앙대	120
인천	가천대	30	연세대	30
전남	목포대	30	순천대	30
전북	우석대	40	원광대	40
충남	고려대(세종)	30	단국대(천안)	30
충북	충북대	50		

💬 약학과에 알맞은 적성 및 흥미

생명과학, 화학 등 기초 과학에 대한 관심과 흥미가 필요하며, 환자의 증상에 민첩하고 순발력이 있으며 업무에 필요한 컴퓨터 기술과 사업적인 관리능력이 필요하다. 특히 의약품은 사람의 건강과 직결된 것이기 때문에 투철한 책임의식이 필요하며 약물 조제방법의 숙지가 필요하다. 관습형과 현실형의 흥미를 가진 사람에게 적합하며, 꼼꼼함, 신뢰성, 남에 대한 배려 등의 성격을 가진 사람들에게 유리하다.

💬 관련 국가 자격

국가자격 : 약사, 한약사 면허

💬 졸업 후 진로 및 취업

약사	제약회사	보건소
식약청	보건복지부	식품안전처

제약공학에서 수강하는 대표 과목은?

➡️ 제약공학개론

제약산업의 역사와 발전 과정 및 현황에 대하여 소개하고, 각종 의약품의 제조공정의 기본 원리를 이해하도록 하며, 신약 개발의 미래와 제약공학도의 역할에 대해 배운다.

➡️ 약품분석화학

일반의약품, 식품성분, 식품첨가물의 분석을 위한 기초 지식 및 응용 방법에 대해 강의하며 의약품의 품질 관리 및 제약학 연구의 기본이 되는 물질의 정량적 분석 방법을 배운다.

➡️ 약품생화학

효소의 성질과 작용 및 생체대사물의 에너지 생성 과정과 에너지 효율, 이용 방법 등을 다루며 영양물의 대사, 합성 과정에 대해 중점적으로 배운다.

➡ 식의약발효공학실험

효과적인 식의약 소재 생산 기법과 생물반응기 운전 방법을 배운다.

➡ 제제공학실험

유전자 재조합, 세포융합, 단일클론 항체 기술 등을 이용하여 제약산업에 필요한 신규의 고부가가치 물질을 개발하고 생산을 최적화하는 기술을 배운다.

➡ 제약유전공학

유전자 재조합, 세포융합, 단일클론 항체 기술 등을 이용하여 제약산업에 필요한 신규의 고부가가치 물질을 개발하고 생산을 최적화하는 기술을 배운다.

제약공학은 기존의 화학합성 의약품뿐만 아니라 생물의약품, 향장품 및 건강식품 등을 포함하는 생명공학을 육성하여, 제약산업, 화장품산업, 건강식품산업의 발전 및 인류복지에 기여할 수 있는 학문 분야이다.

Q 화장품연구원이 되고 싶은데 어떤 학과를 진학하는 것이 도움이 되나요?

A 화장품연구원이 되기 위해서는 천연물추출, 유기화학, 분자합성, 기능성화장품, 에멀젼 개론, 계면활성제, 파우더테크놀로지 등에 관한 지식을 습득할 수 있는 화학과, 화학공학과, 고분자공학과, 재료공학과, 화장품공학과, 생명공학과 등 가능합니다. 요즘은 전문적인 기술을 익혀 대학교를 졸업하고도 관련 일을 할 수 있지만, 석사학위를 가지고 있어야 책임연구원으로 활동할 수 있습니다.

Ⓠ 화장품연구원은 주로 어떤 연구를 주로 하나요?

Ⓐ 새로운 제품을 개발하는 일을 주로 합니다. 화장품을 개발할 때 어떤 제형으로 만들지, 어떤 성분을 사용해서 만들지, 어떤 기술을 적용할 것인지, 그리고 어떤 기능을 추가할 것인지 등을 논의하고, 최근에는 올인원 제품들이 많아지고 있어 효능을 유지하면서 편리하게 사용할 수 있는 방법에 대해서도 논의하고 있습니다.

Ⓠ 다른 대학과 차별화된 제약학과를 알려주세요.

Ⓐ 많은 대학에 제약 관련 학과가 개설되어 있습니다. 이 외에 대학들도 홈페이지를 이용하면 그 학과의 특징을 자세하게 알 수 있습니다.

구분	특징
경희대 동서의과학과	• 자연과학 및 기초의과학 집중교육 : 물리학·화학·생물학으로부터 분자생물학, 면역학, 유전학, 해부학, 생리학에 이르기까지 생명과학의 전공의 핵심교과목과 기초의학 교과목으로 구성 • 진로맞춤형 교육과정 : 의학·치의학·한의학전문대학원 진학 희망자를 위해서는 특성화된 Pre-medical program을 운영 • 일반대학원 석·박사과정 입학 시 등록금 전액 지급 및 유학 시 유학비지원
덕성여대 Pre-Pharm ·Med 전공	• Pre-Pharm·Med 전공은 약학·의·치학계열이 아닌 이학계열 • 재학기간 동안 부전공(또는 복수전공)을 선택하거나, 전공심화과정(전공학점을 추가로 이수)을 이수할 수 있으며, 4년 재학 후 졸업할 경우 이학사 학위(Pre-Pharm·Med 전공)를 수여 • 언어교육원 수업 무료 수강 지원
이화여대 융합학부 (뇌인지과학전공)	• 뇌인지 분야 과학자 및 의학, 생명과학, 경제경영, 법정치 등 사회 각 분야에서의 전문가 양성 목적 • 뇌융합과학연구원 세미나, 뇌인지과학과 대학원생 멘토링 프로그램 운영 • 과학기술 관련 정부부처 진출 및 다국적 제약회사를 비롯한 기업체 입사, 변리사 등 전문분야 진출, 금융기관, 컨설팅 관련 기업체 등 입사

Memo▶ 비슷한 학과로는 의약과학과, 의약공학과, 제약생명공학과, 제약화장품학과 등이 있다.

💬 제약공학과에 알맞은 적성 및 흥미

생명과학, 화학 등 기초 과학에 대한 관심과 흥미가 필요하며, 새로운 의약품을 개발하기 위하여 생명체에 영향을 주는 물질과 이 물질이 어떤 작용을 통해 인체에 영향을 주는지 이해하고 추적하는 능력이 필요하다. 특히 의약품은 사람의 건강과 직결된 것이기 때문에 투철한 책임의식이 필요하며 약물 조제방법의 숙지가 필요하다. 관습형과 현실형의 흥미를 가진 사람에게 적합하며, 꼼꼼함, 신뢰성, 남에 대한 배려 등의 성격을 가진 사람들에게 유리하다.

💬 관련 국가 자격

국가자격 : 약사, 한약사 면허

💬 졸업 후 진로 및 취업

약사	제약회사	보건소
식약청	보건복지부	식품안전처

한약학에서 수강하는 대표 과목은?

➡️ 독성학

한약이 인체에 미칠 수 있는 독성을 연구하여 안전하게 임상 응용이 될 수 있도록 관련 지식을 배운다.

➡️ 포제학

한의약 이론을 바탕으로 하여 변증시치용약의 조건과 한약 자체의 성질 및 조제, 제제에 따라 상용되는 법제를 익히고 한약의 독과 부작용의 최소화 방안에 대해 배운다.

➡ 한약약리학

동양의학적 이론과 방법에 의한 약물의 생체 내 효과를 다루고 한약의 합리적인 임상응용 능력의 함양은 물론 창의적 생체 외 연구 등 다양한 치료효과에 대해 배운다.

➡ 본초학총론

본초학의 역사와 기미론 및 수치법 등을 기술하고, 한국에서 전문적인 내용 정리를 필요로 하는 한약재 450여 종에 대하여 구체적으로 배운다.

➡ 약용식물학

약용식물의 계통 분류별 특징을 조사하고, 외부 형태 관찰 및 내부 조직의 특징을 관찰하며, 특히 세포 내 함유물을 일반 성분과 약효 성분으로 분류하여 배운다.

➡ 한약학개론

한약학은 어떤 학문이며 무엇을 배우고 연구하는가를 검토하고 한약학의 내용 및 응용 범위에 대한 이론의 기초와 임상 운용에 관한 내용들을 배우고 한약학 전반에 대한 이해를 돕고 학문적 가치를 배운다.

➡ 생약학

생약학의 배경과 품질평가, 성분 등에 대해 배운다.

한약학을 학문의 중심에 두고, 전통과 첨단의 조화 속에서 독창성을 발휘할 수 있는 학문 체계를 추구하며 한약학에 대한 전문적인 원리와 지식을 습득한 한약사 및 한약 분야 전문인 양성을 교육목표로 두고 있다.

Q 화장품 연구원은 트렌드를 읽고 아이디어를 생각하는 것이 중요한 것 같습니다.

A 최근 미세먼지와 같은 환경오염도 화장품 산업에 큰 영향을 주고 있습니다. 따라서 자극없이 미세먼지를 깨끗하게 제거하는 화장품부터 피부를 보호하는 화장품 등 다양한 제품들이 출시되고 있습니다. 또한 화장품은 다양한 분야들과도 연결되어 있습니다. 화장품 미용기기는 기기 및 전자와 같은 기술들과 연결되어 있습니다.

Q 한약학과가 개설된 학교를 소개해주세요

A 한약학과는 경희대, 우석대, 원광대가 있습니다. 다른 대학은 비슷한 이름으로 관련된 내용을 배우지만 한약사자격증을 얻지 못하는 단점이 있습니다. 극동대 한약발효학과, 중부대 한방보건제약학전공, 전북대 한약자원학과, 동신대 한약재산업학과, 목포대 한약자원학과, 순천대 한약자원개발학과, 대구한의대 한약자원학과/한약재약리학과/한약개발학전공이 있습니다. 자세한 내용은 학과 홈페이지를 통해서 확인할 수 있습니다.

구분	특징
경희대 한약학과	전통의약학 이론을 바탕으로 현대적 약리연구와 더불어 한약의 성질과 이용에 대한 연구를 통해 각종 질병으로부터 예방하고 치료하는 약학을 배움.

원광대 한약학과	천연물CSI인재양성 특성화사업단에 선정되었으며, 한방과학사업을 추진하여 한약 관련 전문인력 양성을 위해 노력함. 한약사 시험 100% 등 전국 수석 12회 배출함.
전북대 환경자원학과	한약재 관리(생산, 감정, 유통), 건강기능성 식품 분야에 관한 이론 및 실험·실습, 한약자원의 생산 개발·관리 및 이용에 필요로 하는 유능한 전문인을 양성. 한약도매업무관리자 인정 학과

Memo ▶ 비슷한 학과로는 한약발효학과, 한약재산업학과, 한약재약리학과, 한약개발학전공 등이 있다.

한약학과에 알맞은 적성 및 흥미

생명과학, 화학 등 기초 과학에 대한 관심과 흥미가 필요하며, 환자의 증상에 민첩하고 순발력이 있으며 업무에 필요한 컴퓨터 기술과 사업적인 관리능력이 필요하다. 특히 의약품은 사람의 건강과 직결된 것이기 때문에 투철한 책임의식이 필요하며 약물 조제방법의 숙지가 필요하다. 관습형과 현실형의 흥미를 가진 사람에게 적합하며, 꼼꼼함, 신뢰성, 남에 대한 배려 등의 성격을 가진 사람들에게 유리하다.

관련 국가 자격

국가자격 : 약사, 한약사 면허

졸업 후 진로 및 취업

약사	제약회사	보건소
식약청	보건복지부	식품안전처

제약 분야

➡️ 신약개발연구원

❖ **임상연구원은 어떤 일을 하나?**

　제약회사의 연구개발 직무에는 다양한 세부직무가 있다. 크게는 '화학적/생물학적 분석과 실험을 통해 신약을 개발하는 연구'와 '개발된 신약을 평가/테스트' 하는 연구가 있다. 신약의 테스트는 다시 동물을 대상으로 하는 '비임상 시험'과 사람을 대상으로 하는 '임상 시험'으로 구분된다. 임상연구원은 사람을 대상으로 하는 1상, 2상, 3상 임상시험 업무를 담당한다.

➡️ 인공장기제조원

❖ **인공장기 제조기가 개발되었다고 하는데 어디까지 가능한가?**

　인공장기 제조기를 '바이오패브리케이션 머신(biofabrication machine)'이라고 한다. 이 머신은 생체조직을 제조한다는 '바이오패브리케이션(biofabrication)'이란 단어에 '머신(machine)'이란 단어를 추가한 용어이다. 쉽게 말해 생체조직을 제조하는 기계를 말한다. 3D프린트로 만든 마이크로 화이버 골격과 부드러운

감촉의 하이드로 겔을 새롭게 조합할 수 있는 방안을 연구한다. 이들이 만든 복합체는 탄성과 강도에 있어 무릎 관절조직과 필적할 정도로 수준이 높다. 또 인체 안에 있는 연골세포의 성장과 서로 연결되어 결합하며, 손상된 유방 복원과 심장 조직공학을 포함한 연골조직 공학 연구 등에 큰 영향을 줄 것으로 예상되고 있다. 이런 성과가 가능한 것은 인공으로 사람 물렁뼈 줄기세포와 유사한 생체조직을 만들 수 있었기 때문이다.

🔵➔ 유전자편집자

❖ 유전자 교정기술을 통해 난치성 질병을 치료할 수 있나?

유전자 교정기술은 DNA에서 원하는 유전자만 선택적으로 잘라내 유전자를 교정하는 기존 3세대 '크리스퍼(CRISPR-Cas9)' 유전자 가위기술이다. 이 기술을 활용한다면 앞으로 각종 난치성 유전질환 치료 가능성을 획기적으로 높이는 것은 물론, 동식물 품종개량에도 널리 활용될 수 있다. 크리스퍼는 DNA에서 특정 유전자를 잘라낸 뒤 작동하는 세포의 자연적인 DNA 복구시스템을 활용해 유전체를 교정한다. 하지만 이런 세포의 DNA 복구과정은 인간이 제어할 수 없기 때문에 그 과정에서 의도치 않은 염기서열이 삽입되거나 없어지는 문제가 발생했다. 이런 '표적 이탈' 현상을 획기적으로 줄일 수 있는 프라임 에디터 기술이 개발되어 유전병 90%를 치료할 수 있는 길이 열리게 되었다.

❖ 디지털 치료제는 무엇인가?

'디지털 치료제(digital therapeutics)'란 전통적 의미의 약을 먹거나 주사로 맞는 약이 아니다. 소프트웨어(SW)나 하드웨어(HW)를 활용하여 환자를 치료하며, 질병 및 장애를 예방하는 디지털 기술을 의미한다.

❖ **디지털 치료제는 어떤 용도로 활용되나?**

현재 개발되고 있는 디지털 치료제는 중독 및 수면장애, 그리고 우울증 등 주로 뇌와 관련된 질병에 적용되고 있지만, 향후에는 심혈관 질환이나 천식 같은 분야로까지 확대될 것으로 전망되고 있다.

❖ **가상현실 게임을 통해 디지털 치료도 가능한가?**

디지털 기술이 통증 치료에 효과가 있다는 사실을 인지한 시기는 1990년대 중반이다. 미 워싱턴대의 인지심리학과 교수인 '헌터 호프만(Hunter Hoffmann)' 박사는 스노우 월드(Snow World)라는 컴퓨터 게임을 통해 극심한 통증으로 고통받고 있는 화상환자들의 통증을 현저히 감소시키는 데 성공했다. 스노우 월드는 사용자가 움직이는 펭귄과 눈사람에게 눈덩이를 던지면서 얼음으로 덮인 협곡을 빠져나가는 내용의 게임이다. 특히 화상의 원인인 불을 눈과 얼음이라는 시각적 효과로 상쇄시킨다는 취지로 개발됐다. 호프만 박사의 발표에 따르면 치료 중 게임을 하는 환자는 게임을 하지 않는 다른 환자보다 통증을 최대 50% 덜 느끼는 것으로 나타났다. 이 결과는 "아예 진통제를 사용하지 않는 것보다는 약물과 가상현실 기술을 병행하여 적용하는 것이 더 효과적이다"라고 강조한 바 있다.

공무원 분야

➡ 식품의약품안전처 연구원

❖ 식품의약품안전처 연구원은 어떤 일을 하나?

식품의약품안전처에는 생물제제과(백신, 혈액제제 같은 생물의약품 심사 및 평가 업무), 허가심사조정과(시판되는 의약품 허가 및 심사의 조정을 수행하는 부서), 국가검정센터(혈장분획제제 국가검정 업무를 수행하여 보다 안전하고 유효한 의약품의 시장공급을 꾀하는 업무), 진단기기과(진단용 의료기기의 심사와 허가업무를 담당하는 업무) 등이 있다.

➡ 건강보험공단 약제사

❖ 공직약사는 어떤 일을 하나?

공직약사는 식품의약품안전처(식약처)나 건강보험심사평가원(심평원), 교도소 약사, 특허청 특허심사관 등에서 일을 한다. 이러한 일을 약무직이라고 하며, 경력이 없는 경우 공무원 7급(주사보)부터 일한다. 약무직은 약가산출을 하는 과정이나 협상을 통해 적정한 가격을 책정하고 국민들이 부담 없이 약을 구매할 수 있도록 노력한다.

국가정보원, 국립과학수사연구원, 보건복지부(50명), 식품의약품안전처(273명), 보건소(160명)이 일을 하고 있다.

핵심 키워드로 알아보는 약학

➡️ 성균관대 약학과

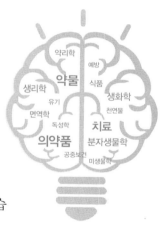

Q 성균관대 약학과의 교육 및 연구는 어떻게 진행되고 있나요?

A BK21사업단, 기초의과학연구센터 (MRC), 제제기술지원센터 (DRC), 기초연구실사업팀 (BRL), 제약산업특성화대학원 등 대형 국책사업을 통해 연구 경쟁력을 높여가고 있습니다.

최고 수준 연구력을 보유한 교수 유치, 최첨단 연구 장비 및 시스템 구축, 바이오 제약회사와의 대규모 공동연구 및 바이오 벤처 설립 등을 통하여 세계 최고 수준 연구 환경을 조성하고 이를 통하여 국내 약학 연구를 선도할 수 있는 연구중심의 대학으로 발전해 나가고 있습니다.

→ 경희대학교 약학과

Q **경희대는 약학과와 약과학과가 있는데 어떻게 다른가요?**

A 우선 약과학과는 약학과가 2+4학제로 개편된 이후에 신설된 학과입니다. 약학대학에 소속이지만 졸업할 때는 약학사가 아닌 이학사 학위를 수여합니다. 화학, 생물학 등 기초과학을 바탕으로 의약품을 제조하거나 관리하고 새로운 의약품 개발하는 것을 배웁니다. 만약 약사가 되고 싶은 경우는 2년 이상 수료 후 PEET 시험에 응시하면 됩니다.

약학과는 우리가 흔히 알고 있듯이 의사의 처방에 따라 약을 조제할 수 있는 약학사 자격을 가집니다. 직접 임상적으로 약품을 활용하는 일까지 할 수 있습니다.

핵심 키워드로 알아보는 제약학

→ 충북대학교 제약학과

Q **제약공학과를 졸업하면 약을 연구하는 일 외에 다른 일도 할 수 있나요?**

A 네, 약국을 개업하여 관리약사로 일할 수 있습니다. 지역민의 건강 상담, 약력(약물복용경력)관리, 조제 및 투약 가능합니다. 아니면 병원약국에 근무하면서 의사의 복약 처방전의 적정성 여부 확인 및 모니터링, 약물 복용

상담, 환자의 약력관리, 조제 및 투약에 관한 일을 하기도 합니다.

그리고 제일 많이 하는 일이 의약품 제조 및 관리, 신약 개발 연구입니다. 식품의약품안정청, 보건복지부, 한국생명공학연구원, 국립과학수사연구소 등의 국가 행정 기관에서 약품의 생산, 유통과 관련된 전반적인 일을 연구합니다.

● 단국대학교 제약공학과

Q 단국대 제약공학과에 필요한 적성이 있을까요? 고등학교 때는 어떤 공부를 많이 해야 하나요?

A 제약공학을 전공으로 하기 위해서는 고등학교 시절 생물, 화학, 물리, 수학 등과 영어 학습을 열심히 하는 것이 중요합니다. 제약공학은 기초자연과학에서부터 약학, 공학의 응용과학에 이르는 폭넓은 지식과 기술에 대한 흥미와 관심을 갖도록 노력해야 합니다. 국민 보건 및 국가산업 발전에 기여한다는 사명감과 책임감이 있는 학생이 좋은 학습 효과를 거둘 수 있습니다.

단국대 제약공학과는 다른 학과와 융합하여 많은 프로젝트를 진행하고 있어 대학 생활 동안 사회 진출을 위한 다양한 것을 경험할 수 있습니다.

핵심 키워드로 알아보는 한약학

➡ 경희대학교 한약학과

Q 키워드에 '본초학'이라는 게 있는데 이건 교과목인가요?

A 네, 경희대 한약학과 2학년 1학기 전공과목 중 하나입니다. 본초학실험은 본초(약재)의 효능별 배속을 이해하고 관찰함으로써 그 기원, 성상, 성미, 품질에 대한 관능적 이해를 위한 실습입니다.

약재들의 특징적인 생김새를 보고, 만지고, 냄새도 맡고, 맛도 보며 약재들을 관찰하는 시간입니다. 주변에서 보기 어려운 약재들을 직접 보고, 만질 수 있는 시간이라 꼭 필요한 수업입니다. 단, 약재의 양이 아주 많기 때문에 시험은 벼락치기가 되지 않습니다.

계열별 연계 도서와
동영상을 추천해주세요

약학계열 추천도서와 동영상

💬 추천도서

도서명	지은이	출판사
약국에서 써본 첫 번째 : 약 이야기	박정완	참약사협동조합
새로운 약은 어떻게 창조되나	교토대학 대학원	서울대학교출판
천연물 의약품	천연의약품 편찬위원회	동명사
내 몸 안의 과학	예병일	효형출판
당신이 몰랐던 식품의 비밀 33가지	최낙언	경향미디어
고맙다, 줄기세포	라정찬	끌리는책
생명과 약의 연결고리	김성훈	프로네시스
약은 우리 몸에 어떤 작용을 하는가	야자와 사이언스 오피스 외	전나무숲
내추럴리 데인저러스	제임스 콜만 외	다산초당
약이 되는 독, 독이 되는 독	다나카 마치 외	전나무숲
아주 중요한 거짓말	실리아 파버 외	씨앗을뿌리는사람
새로운 약은 어떻게 창조되나	교토대학 대학원	서울대학교출판
약국에서 써본 첫 번째 : 약 이야기	박정완	참약사협동조합
효소로 이루어진 세상	신현재	이채
약은 우리 몸에 어떤 작용을 하는가	야자와 사이언스 오피스 외	전나무숲

당신이 몰랐던 식품의 비밀 33가지	최낙언	경향미디어
식품에 대한 합리적인 생각법	최낙언	예문당
건강 상식 오류 사전	우도 풀머 외	경당
하버드 의대가 당신의 식탁을 책임진다	월터 C. 윌렛 외	동아일보사
내추럴리 데인저러스	제임스 콜만 외	다산초당
천연물 의약품	천연의약품 편찬위원회	동명사
고맙다, 줄기세포	라정찬	끌리는책
수상한 과학	전방욱	풀빛

💬 추천동영상

한국생명공학연구원 http://www.kribb.re.kr

오송첨단의료산업진흥재단 http://www.kbiohealth.kr

글로벌 첨단바이오 의약품 코디네이팅센터 http://www.cogib.kr

한국제약바이오협회 http://www.kpbma.or.kr

세포 치료제의 기술 개발 및 제조·판매 기업 '바이오솔루션 이정선 대표'

https://www.youtube.com/watch?v=DuowJ_G5Fto

💬 K-MOOC 추천동영상

제약계열 추천도서와 동영상

💬 추천도서

도서명	지은이	출판사
바이오테크 시대	제러미 리프킨 외	민음사
거의 모든 것의 역사	빌 브라이슨 외	까치글방
진화학 – 원리 그리고 과정	Brin K.Hall 외	홀릉과학출판사
수상한 과학	전방욱	풀빛
아주 중요한 거짓말	실리아 파버 외	씨앗을뿌리는사람
DNA : 생명의 비밀	제인스 D.왓슨 외	까치
기후의 역습–2009 지구환경보고서	월드워치연구소 외	도요새
이덕환의 과학세상–우리가 외면했던 과학상식	이덕환	프로네시스
정재승의 과학 콘서트	정재승	어크루스
물의 자연사	앨리스 아웃워터 외	예지
조상 이야기–생명의 기원을 찾아서	리처드 도킨스 외	까치

💬 TED 추천동영상

Céline Valéry
**인체가 어떻게 약물을 처리
하는가?|셀린 발리리
(Céline Valéry)**
Posted May 2017

Ken Jennings
**켄 제닝스(Ken Jennings):
왓슨, 제퍼디와 나 - 쓸모없
어져 버린 똑똑이**
Posted Apr 2013

Daniel Kraft
**미래의 약은? 집에서 3D 프
린터로 만드는 맞춤형 알약**
Posted Oct 2018

Russ Altman
약을 같이 먹을 때 무슨 일 이 일어날까?
Posted Mar 2016

Henrietta Fore
더 나은 미래를 위해 청년들 을 어떻게 도울 것인가?
Posted Oct 2018

Bono
보노의 아프리카 구호활동 요청
Posted Oct 2006

한약계열 추천도서

 ## 추천도서

도서명	지은이	출판사
지금 바로 적용할 수 있는 김연흥 약사의 복약 상담	김연흥	정다와
한약저장학	박진환	보명북스
상한금궤 약물사전	이전희광	전흠
명방 60수	송영강 외	문진
한방 임상이야기	양주노	군자출판사
인체는 건축물이 아니다	이문환	책과나무

PART
5

생명계열
진로 사용설명서

대학에 들어가서
수강하는 과목

생명과학 및 생명공학에서 수강하는 대표 과목은?

➡ **미생물학**

박테리아를 중심으로 미생물학에 관한 기초 및 응용 부분에 대해 배운다.

➡ **분자생물공학**

분자생물공학 전반에 관한 내용을 중심으로 첨단 분자생물공학에 필요한 기초 및 응용 지식에 대해 배운다.

➡ **분자유전학**

진핵세포 생물체의 유전현상을 분자 수준에서 살피고 그 응용에 대해 배우며, 세포분열, 유전자 발현과 조절, 유전자의 복제 및 증폭, 세포 내의 유전자 재조합 과정과 인간의 유전자 조작, 돌연변이, 면역작용의 유전적 기작, 세포분열의 유전적 조절과 암의 발생, 유전공학과 미래 등을 배운다.

➡ **생물공정공학**

공학 기초 개념과 물질수지 및 에너지수지 등의 화학공학이론 및 생화학, 미생물학, 분자생물학 기초 지식을 생물공학에의 접목 및 응용을 고려하여 배운다.

➜ 생물통계학

생물학, 의학, 보건학 등의 생물 분야에서 빈번히 발생하는 자료들을 어떻게 통계적으로 분석하는가에 대해 배운다.

➜ 생리학

생물의 기능이 나타나는 과정이나 원인, 생명체의 생리적 특성, 대사 등을 과학적으로 분석하고 배운다.

생명과학은 지구에 존재하는 수많은 동물과 식물, 그리고 눈에 보이지 않는 미생물까지 모든 생명체를 대상으로 생명현상을 연구하는 학문이다. 생명공학은 인체를 포함한 동물, 식물 그리고 미생물 등의 세포 내에서 수행되는 생명체 활동의 기본 현상과 원리를 규명하고, 또한 이를 인간에게 유익하게 응용하는 학문이다. 의학, 농학, 유전공학, 환경공학 등 다양한 응용 분야의 기초가 되며, 질병극복, 식량문제, 환경문제 등 다양한 문제에 대한 해결방법을 모색할 수 있는 학문이다. 근본적인 생명현상의 과정을 이해하는 학문이므로 의료, 산업 그리고 환경 연구와 사업에 폭넓게 적용시킬 수 있는 핵심적인 지식을 연구하고 교육한다.

Q 백신연구원이 되고 싶은데 어떤 학과를 가면 좋은가요?

A 동물 유전자원, 동물 유전·육종, 동물 생명공학, 동물 번식생리, 동물 영양생리, 동물 사료 및 조사료, 동물 소재공학, 동물 시설·환경 등에 대한 연구를 통해 동물의 질병 치료와 예방에 사용되는 백신을 개발 및 연구합니다. 따라서 동물자원학과, 생명과학과, 생명공학과 등에서 관련 연구를 하는 곳에서 배우면 그 일을 수행할 수 있습니다.

Q 효소를 기반으로 암, 치매 등 다양한 치료가 가능하다고 하는데 정말로 가능한 가요?

A 마이크로바이옴(microbiome)은 특정 환경에 존재하고 있는 미생물들과 그 유전정보 전체를 뜻하며, 인체 외에도 동물이나 농업, 해양, 환경 등 그 활용 분야가 다양합니다.

전 세계적으로 비감염성 질환(NonCommunicable Diseases, NCDs)이 사망 원인의 약 63%를 차지하고 있는데 장내 마이크로바이옴의 경우 신경질환, 심혈관 질환, 암, 당뇨병, 대사질환 등 비감염성 질환에 중요하게 작용하고 있어 현재 다양한 연구가 진행되어 조만간 치료까지 가능한 날이 멀지 않았습니다.

Q 생물통계학은 무엇 때문에 배우나요?

A 생물통계학 분야에서 자주 사용되는 통계방법론으로는 회귀분석, 범주형 자료분석, 시계열 분석, 실험계획법 등이 있습니다. 대표적인 것이 생존분석입니다. 생존분석은 생물통계학에서 자주 사용되고 있으며, 신뢰수명검정 등 다른 분에서도 사용되므로, 오로지 생물통계학에서만 사용된다고 보기는 곤란합니다.

생물통계학은 임상시험 및 신약개발의 적정성 평가, 위해도평가 등을 할 때 매우 중요하기에 생물정보학을 전공하여 생물통계를 전문적으로 수행하는 직업도 있습니다.

Q 생명 특성화학과에 대해 소개해주세요.

A 많은 대학에 생명 특성학과가 개설되어 있습니다. 이 외에 대학들도 홈페이지를 이용하면 그 학과의 특징을 자세하게 알 수 있습니다.

구분	특징
가천대 바이오나노학과	• 세계 수준의 연구중심대학 육성사업 선정 • 미국 명문대학, 의학전문대학, 치의학전문대학원 진학 • 산업계가 요구하는 첨단 바이오기술(BT), 정보기술(IT),나노기술(NT), 의공학기술(MT) 등을 결합시킨 융합 신기술 분야 신장

국민대
발효융합학과
	• 첨단 바이오 융합산업과 녹색산업을 이끌어 갈 국가적 전문인력의 양성
	  을 목표로 나노기술 및 정보기술과 연계된 전공과정과 이수 과정으로
	  구성
	• 바이오 및 의약산업, 건강기능성 바이오소재산업, 식품제조산업 및 웰빙
	  푸드산업 등의 전문 인력으로 취업 가능
	• 한국생명공학연구원과 한국식품개발연구원, 한국식품의약품안전청 등과
	  같은 국가연구기관의 전문 연구인력 취업 가능

성균관대 글로벌바이오메디컬공학과	• 뇌과학, 생체재료, 첨단의료기기 분야 중점 • MIT대와 뇌 및 장기 공동 연구 • 웨어러블 소자(센서), 플렉시블 디스플레이도 연구 • 뇌과학이미징연구단, 나노구조물리연구단과 협업하여 연구
충남대 미생물·분자생명과학과	• 지방대 혁신역량 강화 사업 선정 • 충남대 의약바이오 인재양성사업 선정 • 독자적인 주제에 대한 연구 및 교수의 밀착지도를 통해 전공교육의 완성 도를 높임
한양대(에리카) 분자생명과학과	• 바이오산업, 바이오 의약 분야의 실험실습을 병행하여 생명과학 분야를 선도하는 인재양성 • 국가 연구소, 화장품회사, 제약회사 등 진출가능 • 창업대체학점 인정제를 통해 창업과 학업을 병행 가능

💬 생명과학 및 생명공학과에 알맞은 적성 및 흥미

　　수학, 물리학 등 공학 기초 과목에 대한 관심과 흥미가 필요하며, 생물공학 분야에서는 연구가 끊임없이 진행되므로 이를 견뎌낼 수 있는 체력과 끈기, 인내심과 문제해결을 위한 논리적 사고 및 분석력, 정확한 판단력이 요구된다. 대다수의 생물공학 기술자는 팀을 이루어 작업을 수행할 뿐만 아니라 다른 학문의 연구자들과의 협력 및 상호보완을 통해 연구를 진행하므로 원만한 대인관계 능력과 협동심이 필요하다. 자연법칙과 과학적 연구방법을 이해하고 적용할 수 있는 논리력, 추리력, 관찰력이 요구된다. 생명현상을 체계적으로 분석하기 위해서는 수학적 능력이 있어야 하며 첨단 기술을 적용해야 하므로 변화에 대처할 수 있는 창의적이고 개방적인 사고능력이 필요하다.

💬 관련 국가 자격

국가자격 : 생물공학기사, 식품기사, 대기환경기사, 수질환경기사, 폐기물처리기사, 수산질병관리사, 생물분류기사, 자연생태복원기사,식물보호기사, 종자기사 등

💬 졸업 후 진로 및 취업

생명공학연구소	식품의약품안전처	질병관리본부
국립과학수사연구원	독성연구소	변리사

유전공학 및 줄기세포공학과에서 수강하는 대표 과목은?

➡️ 단백질생화학

생명체의 기본 고분자 물질인 단백질의 구조, 정제 및 생화학적 특성과 단백질로 만들어지는 생합성 과정, 단백질의 역할과 효소의 특성 및 반응 기작 등을 배운다.

➡️ 유전공학

유전자 조작의 기초 이론과 재조합 DNA의 제조, 증폭 발현을 원핵 및 진핵

세포에서 하는 원리 및 기술들을 배운다.

➡️ 유전자조작론

보다 유용한 생물로의 개량이나 유전병의 치료 등을 위해 자연 상태에서는 생길 수 없는 새로운 생명체의 생산에 대한 연구 과정을 배운다.

➡️ 분자생물학

생명현상을 분자적 관점에서 생체의 가장 중요한 고분자 물질인 단백질과 핵산의 구조, 기능 및 생합성 등에 관하여 배운다.

➡️ 생물통계학

생물학, 의학, 보건학 등의 생물 분야에서 빈번히 발생하는 자료들을 어떻게 통계적으로 분석하는가에 대해 배운다.

유전공학과는 유전자 재조합 기술과 유전자산물의 생산을 위한 기본 지식을 연구·개발하는 데 주안점을 둔다. 또한 인류를 위하여 유익하게 응용하는 생명공학의 여러 분야에 종사할 연구 인력 및 학자 양성에 교육목표를 두고 있다.

Ⓠ **유전공학자가 되고 싶은데 학부에는 과가 별로 없는데 어떻게 하나요?**

Ⓐ 유전공학연구원은 생명과학, 생명공학, 생화학 등의 학부를 졸업하고, 유전공학 분야 석사학위를 취득하면 관련된 분야에서 일을 할 수 있으니 대학을 선택할 때 관련된 연구가 진행되고 있는 실험실이 있는 대학교를 선택하는 것이 중요합니다.

Q 유전공학과의 미래전망은 어떤가요?

A 우리나라의 생명공학 분야는 단백질을 구성하는 아미노산 생산에서 세계 시장의 20%를 장악할 정도로 기술을 인정받고 있습니다. 고도의 첨단기술에 의한 생산, 가공, 유통 및 분배가 이루어질 것으로 예상되는 21세기에는 생명자원의 기초산업 분야가 새로운 산업혁명을 주도할 것으로 예상되어 정부는 이 분야를 전략 핵심산업으로 선정하고 유전공학육성법을 제정하여 연구개발을 국가 차원에서 적극적으로 지원하고 있습니다. 특히 유전적 질환치료와 장기이식은 물론 미래 식량자원의 개발 등에도 활용되고 있으며, 인류의 건강에 대한 관심이 계속되는 한 그 수요는 계속 늘어날 것입니다.

Q 유전공학 분야 중 유망한 연구 분야는 어떤 것이 있나요?

A 주로 인간유전체 해석 및 기능 연구, 암 등 난치병 예방 및 치료기술 개발, 의료기기 및 의료용 생체재료기술 등을 연구합니다. 동물 분야로는 동물 복제기술, 동물 형질전환기술, 실험동물 생산, 이용기술 등을 연구하며, 미생물 분야로는 미생물 유전체 해석 및 기능 연구, 미생물 대사산물 이용기술, 미생물의 농업, 환경, 식품 이용기술 등을 연구합니다. 식물 분야로는 식물 유전체 해석 및 기능연구, 식물 조직배양기술, 식물 형질전환기술 등을 연구하며 바이오칩, 나노칩, DNA 해석 소프트웨어 등도 매우 관심이 높은 분야입니다.

Q 유전공학과에 대해 소개해주세요.

A 많은 대학에 유전공학과가 개설되어 있습니다. 이 외에 대학들도 홈페이지를 이용하면 그 학과의 특징을 자세하게 알 수 있습니다.

구분	특징
경희대 유전공학과	• 물의 생산성에 관한 새로운 대사이론을 정립하고 Phytochrome에 의한 광신호 전달 기작을 구명 • 포유동물에서의 단백질 발현 효율을 높이기 위한 다양한 발현벡터를 개발하고 있고 이를 통해 단백질 의약품 등의 발현 CHO 세포주를 개발하고 단백질 의약품의 산업화에 기여 • 작물바이오텍연구센터에서 벼를 주 연구재료로 사용하여 식물 2차대사(secondary metabolism) 생합성 경로 및 그 조절 기작에 대한 대사공학 연구
경북대 생명과학부 생명공학전공	• 생명과학의 결정체인 유전체학, 단백질체학, 대사체학과 더불어 생명정보학, 구조생물학, 나노생명공학 등의 관련 학문과의 유기적인 연계를 목표로 하여 생명존중의 사상을 두루 갖춘 창의적 인재를 양성 • 물 형질 전환, 유전자 재조합, 면역 및 면역 질환 등의 연구 과제 진행을 위해 유전자 전환 동물 사육시설 확보
동아대 분자유전공학과	• 생명공학 기술을 활용한 고부가가치 소재 개발 역량 • 친환경 바이오 농식품 안정성 평가 역량 • 국가출현 연구소 인턴십, 기업체 현장실습 견학의 주기적 실시

💬 생명과학 및 생명공학과에 알맞은 적성 및 흥미

화학, 생명공학, 수학 등 기초 과학에 대한 관심과 흥미가 필요하며, 유전공학 분야에서는 연구가 끊임없이 진행되므로 이를 견뎌낼 수 있는 체력과 끈기, 인내심과 문제해결을 위한 논리적 사고 및 분석력, 정확한 판단력이 요구된다. 대다수의 유전공학자는 팀을 이루어 작업을 수행할 뿐만 아니라 다른 학문의 연구자들과의 협력 및 상호보완을 통해 연구를 진행하므로 원만한 대인관계능력과 협동심이 필요하다. 그리고 생명현상을 체계적으로 분석하기 위해서는 수학적 능력이 있어야 하며 첨단 기술을 적용해 변화에 대처할 수 있는 창의적이고 개방적인 사고능력이 필요하다.

💬 관련 국가 자격

국가자격 : 생물공학기사, 식품기사, 생물분류기사(동물/식물), 자연생태복원

기사, 식물보호기사, 종자기사 등

💬 졸업 후 진로 및 취업

생명공학연구소	식품의약품안전처	질병관리본부
국립과학수사연구원	독성연구소	변리사

농생명학과에서 수강하는 대표 과목은?

➡️ 응용곤충학

곤충의 외부형태, 종의 다양성, 구조의 기능, 여러 가지 발생과정, 환경과의 관계 등에 관한 전반적인 개념을 실험과 병행하여 배운다.

➡️ 재배학

작물재배의 기본원리를 인식시키기 위해 재배의 발달과정, 재배의 기원과 현황 및 생장원리와 재배 환경, 또는 재배기술 등을 배운다.

➡️ 토양학

토양의 발달과정, 암석의 종류와 지형에 따른 생성발달과 퇴적양식이 토양의 물리적 성질 및 화학적 성질에 미치는 바와 생태계에 주는 영향에 대해 배운다.

➡️ 식물균류병학

해충의 정의, 해충학의 역사, 식물해충의 정의와 피해, 식물해충의 종류 및 특징, 해충의 방제법 등 식물 균류의 이론에 대해 배운다.

➡ 식물병리학

식물병의 개념과 종류, 식물 병리학의 역사와 고대 주요 식물병, 20세기 식물 병리학, 기생성과 병의 진전, 식물병의 유전, 병원체가 식물을 공격하는 법 등에 관하여 배운다.

➡ 식물세균병학

식물병원 세균들의 형태, 분류, 동정, 생리, 유전뿐만 아니라 발병기작, 발병 상태 및 역학, 진단 및 방제에 대한 원론적인 사항과 최신의 정보를 배운다.

➡ 식물바이러스병학

약 800여 종에 이르며 식물에 막대한 영향을 미치고 있는 식물바이러스의 기본적인 개념과 현상을 파악하고 바이러스학의 발전 과정을 배운다.

농업학과는 삶을 살아가는 데 있어 꼭 필요한 식량에 관련된 농축산물을 다루는 학문이다. 크게 농학과 축산학으로 구분된다. 농학은 각종 농작물을 연구하는 농학과와 농작물 생산을 돕는 농업기계에 대해 공부하는 농업기계공학과로 구분된다. 최근에는 바이오센서 및 생체재료 개발 등의 첨단 산업기술을 접목한 다양한 관련 학과도 개설되고 있다. 축산학은 가축 및 가공품의 생산 및 처리 등 축산업에 필요한 기술과 이론을 연구하는 학문으로 동물의 유전적 개량과 증식을 위한 분야 등 다양한 분야로 확장 중이다.

Q 종자를 개발하는 일을 하고 싶은데 전망은 어떤지? 어떤 학과를 나오는 것이 좋나요?

A '농업의 반도체'라고 불리는 종자시장은 이미 세계시장 규모가 약 780억 달

러에 달해 300억 달러인 세계 반도체(DRAM) 시장보다 2배 이상 커졌습니다. 우리나라에서도 많이 재배되는 파프리카 종자는 전량 수입하는데, g당 가격이 14만 원 선입니다. 고가의 기능성 토마토나 파프리카 품종 가운데 g당 30만~40만 원까지 하는 것도 있습니다. 단순히 무게로만 따지면 금보다 3~10배 정도 비싼 셈이죠.

관련 학과로는 식물생명과학과, 원예생명과학과, 생명자원산업학과, 농업식물과학과 등이 있습니다.

Q **농대를 나오면 농업 분야에서만 일하나요?**

A 농업 분야에 취업한 학생의 비율이 경상대는 9.1%, 충북대는 13.2%, 전북대 14.3%, 경북대 17%, 강원대 17.1%, 제주대 21%, 충남대 27.8%, 전남대 31.1%로 집계되었습니다. 따라서 꼭 그 과를 졸업한다고 그 분야에서 일하는 것이 아니라 대학원 등을 진학하여 생명, 화학, 약학 분야로 진로를 변경한 사례도 많이 있습니다.

Q **6차산업이란 무엇인가요?**

A 농촌의 유무형 자원을 활용한 제조·가공의 2차 산업과 체험·관광 등의 서비스 3차 산업의 융복합을 통해 새로운 부가가치와 지역의 일자리를 창출함으로써 지역경제 활성화를 촉진하는 산업을 말합니다. 농수산부 자료에 따른 6차 산업은 개별농가, 법인, 마을단위, 광역단위 등으로 나뉘며, 각각의 그것들은 다시 가공 분야, 음식 분야, 유통 분야, 관광 분야로 세분화됩니다. 보령 돼지마블로즈, 제주 청정원, 문경 오미자, 고창 복분자 등 지역 이름이 붙은 각종 특산물과 안동 화련, 서산 소박한 밥상, 남원 흥부밥상, 제천 약채락 등 음식, 홍성풀무우유&평촌목장, 파주 장단콩연구회,

언니네 텃밭, 상주 승곡마을 꾸러미, 완주 로컬푸드 협동조합 등 유통, 여주 은아목장, 예산 사과와인, 창원 감미로운 마을, 양평 농촌 나드리 등 관광 마을이 있습니다.

Q **농생명과학과가 개설된 학교를 소개해주세요.**

A 많은 대학에 농생명과학과가 개설되어 있습니다. 이 외에 대학들도 홈페이지를 이용하면 그 학과의 특징을 자세하게 알 수 있습니다.

구분	특징
안동대 원예·생약융합학부	• 스마트 농법 개발과 에너지 저감형 정밀농업생산기술 연구 • 생약자원의 과학화, 산업화 및 세계화할 인재 양성 • 작물 및 식물자원에 대한 이용기술 개발, 품질향상, 새로운 품종의 육종 및 천연물과 생약개발 특화
경북대 응용생명과학부 식물생명과학전공 응용생물학전공	• 식량작물 및 기능성작물 연구를 위한 유전학, 육종학, 작물학 등의 전통학문에 생명공학, 친환경농산물생산기술, 기능성작물개발 등의 최신 학문을 보강하여 첨단의 고부가가치, 문화선도의 생명산업으로 승화 • 식물병리 분야에서는 질병의 원인, 병원체의 생리, 생태, 병의 진단과 방제 기술, 식물과 병원균 간의 분자유전학적 상호작용 등을 연구·교육하며, 응용곤충 분야에서는 곤충의 분류, 생리, 생태, 분자생물학적 연구 및 해충방제를 학습하고 천적과 화분매개곤충의 산업적 이용 등에 관해서 연구·교육
서울대 식물작물생산과학부	• 작물생명과학전공, 원예생명공학전공, 산업인력개발학전공이 개설 • 식량 및 원예작물의 합리적인 생산기술, 유전자 개량 및 식물·환경의 상호작용에 대한 복합적인 이론과 응용 등 식물생산의 기초와 응용을 망라한 종합적·실증적인 연구 • 약용작물학, 사료작물학, 농산물품질과학 등과 같은 작물의 재배생산을 위한 작물육종학, 유전공학, 작물유전체학, 작물생명공학 등 집중 교육

💬 **농생명과학과에 알맞은 적성 및 흥미**

수학, 생명과학 등 기초 과목에 대한 관심과 흥미가 필요하며, 자연의 소중함을 잘 알고 자연을 지키고 보호하려는 마음이 있는 사람들에게 어울리는 일이다. 온도와 습도, 토양의 성분 등 다양한 데이터를 관리하고 분석할 수 있어야 하며, 기초적인 수학은 잘 알고 있어야 하며 논리적으로 사고할 수 있어야 한다. 관습형과 사회형으로 꼼꼼하게 데이터를 관리할 수 있어야 하며, 농민들과 교류하면서 다양한 정보를 얻어야 하기에 사회성이 있는 사람이 좋다.

💬 관련 국가 자격

국가자격 : 종자기사, 유기농업기사, 농화학기사, 농림토양평가관리기사, 토양환경기사, 식물보호기사, 식품기사, 축산기사, 농업기계기사, 기계설계기사, 농기계정비기능사, 시설원예기술사, 가축인공수정사 등

💬 졸업 후 진로 및 취업

국립종자원	농림수산검역검사본부	농촌진흥청
작물보호연구사	육종개발연구원	농업직공무원

수산생명의학과에서 수강하는 대표 과목은?

➜ 무척추동물생태학

전복, 대하, 굴, 꽃게, 해삼, 우렁쉥이 등의 무척추동물양식에 필요한 분류, 형태, 생태 등의 기본 지식을 배운다.

➜ 해양생물학

해양 생태계의 주요 구성 요소인 부유생물, 해산식물, 저서생물 등의 주요 수산자원의 생태를 통하여 수산생물에 대해 종합적으로 이해하고, 해양생태계

의 구조와 기능 및 환경에 따른 생물의 형태적, 생리적 및 행동적 적응 등에 대해 배운다.

➜ 어류생태학

수산자원의 대표 생물인 어류의 생태, 이동, 분포 등 생물학적, 무생물학적인 상호관계에 관한 여러 지식을 습득한다. 특히, 어류 서식 장소의 생태적 특성, 먹이연쇄 및 군집구조의 파악, 여러 환경 요인이 어류에 미치는 영향에 대해 배운다.

➜ 해양생물육종학

경제성 있는 해양 생물의 생산량과 질을 높이기 위하여 우량형질을 선택하여 품종을 개량하는 이론과 그 방법에 관하여 배우고 아울러 기타 단기간에 좋은 결과를 유도할 수 있는 육종법에 대해 배운다.

➜ 어류학

어류의 형태, 생태 및 분류에 관한 내용을 강의하여 어류에 관한 지식을 종합적으로 배운다.

➜ 수산동물학 및 실습

바다와 민물에 서식하는 다양한 종류의 동물들을 대상으로 전반적인 분류 체계 및 분류군별 형태, 생리, 생태에 대해서 강의하며, 가능한 한 많은 종류의 동물들을 실험실에서 직접 관찰할 수 있도록 함으로써 생동감 있게 배운다.

➡ 어류해부학 및 실습

어패류를 중심으로 한 수산동물의 조직 및 생리를 이해하기 위한 기초 학문으로 그 외부 형태, 골격계, 근육계, 혈관계, 신경계 및 내장 기관의 형태와 구조를 배운다.

최근 육상 자원 부족 및 해양의 경제적 가치 증가로 인하여 세계적으로 해양 개발 및 보존에 관심이 집중되고 있다. 지금까지 해양생물자원은 주로 생물자원 생산에 집중되었으나, 21세기 해양생물자원의 이용은 생명공학에 의한 신품종 개발과 해양생물로부터 신소재 및 신물질의 탐색 및 개발에 집중하고 있다.

Ⓠ 수산생명의학과가 개설된 학교를 소개해주세요.

Ⓐ 전국 5개 대학에만 설치되었습니다. 부경대, 군산대, 전남대, 선문대, 제주 대학교에 있습니다. 졸업하면 수산질병관리사 면허증을 취득할 수 있는데 수산생물의 질병을 치료하고 예방하는 '어의사'(수산질병관리사) 면허가 있는 사람만 수산생물 진료를 할 수 있습니다.

Ⓠ 수산생명의학과를 나오면 수산해양계열 중등교사가 될 수 있나요?

Ⓐ 네, 교직이수을 하면 가능합니다. 수산질병관리사 자격을 취득하면 개원도 가능하고 해양수산부 공무원도 가능하며, 시청 및 도청 수산과, 수산물검역검사본부 등에서 공무원으로 활동할 수 있습니다. 대학원을 진학하여 대학교수, 국립수산과학원, 한국해양과학기술원, 국립보건연구원, 전국 지역 수산시험장, 한국생명과학연구소, 기업 연구소 등 다양하게 진출이 가능합니다.

Q 해양생명과학과가 개설된 학교를 소개해주세요.

A 많은 대학에 해양생명과학과가 개설되어 있습니다. 이 외에 대학들도 홈페이지를 이용하면 그 학과의 특징을 자세하게 알 수 있습니다.

구분	특징
전남대(여수) 해양기술학부 (양식생물학)	• 수산물에 관한 지식과 실질적 응용력을 갖춘 인재를 양성, 유용수산생물의 효율적 관리, 개발 및 증대에 기여하여 지속 가능한 기르는 어업의 발전과 청색혁명을 이룩하는 데 목적 • 수산척추 및 무척추동물학, 해조학, 수산생물의 증양식학, 양식장 환경과학, 수산생물의 생식생리/생태학, 유전/육종학, 분자생물학 등의 기초 및 응용 학문을 중점적으로 교육
경동대 해양심층수학과	• 국내외 유일의 해양심층수학과로서 21세기 인류가 당면한 식량, 에너지 및 환경문제를 종합적으로 해결할 수 있는 인재 양성 • 고학년 때에는 산업체 관련의 현장실습 등을 통하여 기업이 원하는 인재를 양성함과 동시에, 인류가 안고 있는 문제와 사회가 요구하는 인재 및 기술 등을 지속적으로 개발하고 육성
해양대 해양생명과학부	• 해양생물공학전공은 생명현상에 관한 생물학적 특성과 화학적 이해를 바탕으로 식의약품소재 및 바이오에너지 등과 같은 유용 생물산업 소재에 관해 교육 및 연구 • 수산바이오공학전공은 수산바이오산업이 미래 국가 경쟁력을 좌우할 핵심 산업임을 고려, 수산양식산업에서 수산바이오공학 기법들을 통하여 그 생산성 향상 극대화를 위한 교육 및 연구
경상대 해양생명과학부	• 해양자원을 이용한 생명현상의 이해로 수산 생물자원의 다양한 이용성을 위한 첨단기법을 도입하여 고기능성 식품가공기술 개발 • 생리활성천연물을 활용한 고부가가치 의약품 및 신생물 소재 발굴 • 폐기자원의 산업적 이용 연구
군산대 해양생명응용과학 해양생명과학전공	• 바다 생태계에 적합한 수산물의 대량생산 방식 개발 • 인간의 식량자원보급을 위하여 유용 수산생물의 증·양식기술과 자원관리방법을 습득 • 첨단 생물공학기법을 이용한 유용생물의 육종기술개발습득 및 수질 오염 방지를 위한 연구

💬 수산생명과학과에 알맞은 적성 및 흥미

생명과학, 화학 등 기초 과학에 대한 관심과 흥미가 있어야 하고, 바다의 소중함을 잘 알고 바다자원을 지키고 보호하려는 마음이 있는 사람들에게 어울리는 일이다. 온도와 습도, 해양의 성분 등 다양한 데이터를 관리하고 분석할 수 있어야 하므로, 기초적인 수학을 잘 알고 있어야 하며 논리적으로 사고할 수 있어야 한다. 관습형과 사회형으로 꼼꼼하게 데이터를 관리할 수 있고, 어민들과 교류하면서 다양한 정보를 얻어야 하기에 사회성이 있는 사람이 좋다.

💬 관련 국가 자격

국가자격 : 수산질병관리사, 수산양식기사, 수질환경기사, 어업생산관리기사, 잠수산업기사, 해양자원개발기사, 해양환경기사 등

💬 졸업 후 진로 및 취업

해양수산부	국립수산과학원	한국해양기술원
제약회사/사료회사	수산질병관리원	수산직공무원

제약 분야

➜ 유전자분석사

❖ **12만 원이면 유전자검사가 가능하다고 하는데 사실인가?**

2011년 애플 창업자 스티브 잡스가 자신이 앓고 있는 췌장암의 원인을 밝히기 위해 유전체 분석을 하는 데 10만 달러, 우리 돈으로 1억 원이 넘었다. 2013년 앤젤리나 졸리의 유전체 검사 이후 앤젤리나 효과라는 말이 생겨날 정도로 많은 사람들이 유전체 검사에 관심을 갖기 시작했다. 질병을 사전에 예측해 예방할 수 있다는 장점 외에도 예방적인 조치까지 가능한 만큼 개인 맞춤형 의료 시대가 열렸다는 평이다. 당시 졸리는 유전자 BRCA를 검사했고, BRCA에 변이가 검출되었는데, 검출되지 않는 일반 사람과 비교하면 유방암에 걸릴 확률이 11배 증가하는 것으로 나타났다.

이제는 23앤드미(23andMe)회사에서 100달러면 플라스틱 튜브에 넣어 우편으로 보내고 자신의 조상 또는 가족력에 대한 정보를 확인할 수 있다.

❖ **우리나라 유전자검사 어디까지 가능한가?**

우리나라 DTC(Direct To Customer; 소비자 직접 의뢰) 유전자 검사는 병원을 거치지 않고, 직접 소비자를 대상으로 유전자 검사를 허용해주는 걸 말한다. 현재 우리나라에서는 생명윤리법(제50조 3항 2호)에 따라, 혈당, 혈압, 피부노화, 체질량 지수 등 12개 검사항목과 관련된 46개 유전자를 직접 검사할 수 있다. 대표적인 DTC 기업으로는 마크로젠, 테라젠이텍스, 랩지노믹스 등이 손꼽힌다. 마크로젠은 유전체 정보 분석 기업으로 비만, 탈모, 피부와 관련된 DTC 유전자 검사 서비스 'shrp3'를 출시했다.

병원에서 질병 유전자 검사 항목으로는 위암, 폐암, 대장암, 간암부터 고혈압, 당뇨병(2형), 뇌졸중, 파킨슨병 등 일반인의 관심이 높은 13개 질병을 확인할 수 있다.

➜ 복제전문가

❖ 복제전문가는 어떤 일을 하는가?

생명 복제란 체세포 핵이식 또는 수정란 분할 등의 방법으로 유전정보가 같은 생명체를 복제하는 것을 의미한다. 복제전문가는 인간 유전자를 해석하고 기능을 연구하며, 암 등 난치병 예방 및 치료법 개발, 의료용 생체재료 개발을 연구한다. 배아줄기세포를 이용해 인체의 손상된 조직이나 세포를 대체하는 방법과 복제를 만들어내는 기술을 연구한다. 생명복제기술을 이용한 불임치료와 멸종동물 복원, 동물 형질전환 기술, 실험용 동물생산에 관한 연구도 한다. 또한 미생물 유전자 해석 및 기능, 미생물 대사산물 이용 기술, 미생물의 농업·환경·식품 이용기술, 식물 유전자 해석 및 기능, 식물 조직배양기술, 식물 형질전환 기술도 연구한다.

❖ **동물실험을 대체할 장기도 복제가능한가?**

오가노이드는 미니 장기다. 주로 줄기세포를 활용하여 시험관에서 키워 사람의 장기 구조와 같은 조직을 구현하는 것이다. 네덜란드 후브레히트연구소에서 2009년 성체줄기세포로 오가노이드를 만든 것이 시작으로 심장, 위, 간, 피부, 뇌 등을 축소한 오가노이드가 개발되었다. 사람 조직과 같은 오가노이드를 활용하면 동물실험을 하지 않고도 환자 맞춤형 치료제, 화장품 등을 개발할 수 있어 비용이 적게 들며, 빠르게 생산할 수 있는 이점이 있다. 또한 신약 독성평가를 사전에 실시하여 환자에게 직접 약을 투약했을 경우 나타나는 부작용을 파악하는 등 유용하게 사용할 수 있다.

❖ **바이오칩을 통해 인체에 미치는 영향을 정확하게 파악이 가능한가?**

바이오칩(Biochip)은 DNA, 단백질, 항체 등의 생체물질들을 유리, 실리콘, 고분자 등의 작은 기판 위에 고밀도로 집적화한 초소형 칩으로 극미량의 시료를 초고속으로 분석해서 유전자 발현양상, 유전자 결함, 단백질 분포, 반응 양상 등의 생물학적 정보를 얻거나 생화학적 동정 및 반응속도 또는 정보처리 속도를 높이는 생체정보 감지소자이다.

바이오칩 기술은 인류의 질병 예측 및 임상 진단, 신약개발 등의 연구 분야뿐만 아니라 바이오컴퓨터 등 차세대 전자소자 개발에 이르기까지 혁신적인 변화를 일으킬 것으로 주목받고 있다. 또한 유전체 및 프로테오믹스 등의 기초연구뿐만 아니라 의료기기 개발 등 다양한 분야에 활용되고 있다. 진단 분야에서는 이미 암, 에이즈(AIDS) 등과 관련한 유전자 돌연변이를 검출해 진단할 수 있는 바이오칩이 개발되어 있다. 특히 바이오칩은 의료기기의 소형화를 가능하게 하고, 병원에 가지 않고도 원격진료 및 자가진단으로 질환여부를 판단할 수 있는 홈케어시스템 기반 기술을 선도할 것으로 전망하고 있다. 질병의 진단과 치료가 동시에 가능하게 하는 '테라그노시스(Theraphy와 Diagnosis 합성어)' 분야에서도 활용이 가능할 것으로 주목받고 있다.

➡️ 장기 취급전문가

❖ **장기 취급전문가는 어떤 일을 하나?**

일본 요코하마시립대학의 다니구치 히데키 교수팀이 유도만능줄기세포(iPS)로 사람의 간을 만드는 데 처음으로 성공했다. iPS를 활용해 쥐의 체내에서 사람의 간을 만드는 데 성공한 것이다. 이처럼 새롭게 만들어진 장기이든 인공장기이든 장기를 취급하는 상황이 증가하면서 장기 취급전문가가 필요해졌다.

이들의 역할은 장기기증자 혹은 판매자와 장기이식자를 연결하고, 적절한 인공장기에 관한 정보를 제공하는 것이다. 또 장기이식 안전성 강화를 위한 사전검사나 부작용 보고와 조사 또한 감당하게 된다. 이외에도 장기매매나 매매 교사와의 알선을 방지하는 일도 한다.

❖ **장기이식이 제대로 이루어지지 않는데 이를 효과적으로 이식수술할 수 있는 방법은 없나?**

현재 장기이식 대기환자 중에서 가까운 시일 내에 장기이식을 받아 치료할 수 있는 환자는 20%에도 이르지 못하고 있다. 재생의학을 이용한 인공장기 제조기술은 환자 자신의 세포를 이용해 질병으로 손상된 조직을 복원하거나 대체조직을 체외에서 제조하는 것으로, 차세대 인공장기 제조법으로 각광받고 있다. 자신의 신체에서 분리된 성체줄기세포를 특정 조직으로 변화시켜 자신에게 다시 이식하는 방법은 장기이식의 가장 큰 문제점인 자가면역적 거부반응과 이식 장기의 부족 문제를 해결해준다. 그런데 많은 비용이 발생한다는 문제가 있다.

❖ 장기 취급전문가가 되기 위해서는 어떤 학과를 전공하는 것이 도움이 될까?

장기 취급 전문가가 되려면 사회복지학, 간호학, 심리학, 임상병리학을 전공해야 하며, 섬세하고 꼼꼼한 성격이 요구된다. 환자 관리를 위한 기본적인 상담능력, 원활한 의사소통능력과 의무기록에 대한 의료상식이 필요하다. 여기에 경영능력도 요구된다.

➜ 줄기세포편집자

❖ 줄기세포 재생으로도 치료가 가능한데 줄기세포 편집을 해야 하는 이유는 무엇때문인가?

줄기세포를 이용한 질병 치료는 지금까지 환자의 치료에 필요한 세포를 줄기세포의 분화를 통해 얻어 환자의 몸에 넣어주었다. 간이 손상된 환자에게 인간배아줄기세포를 분화시켜 만든 간세포를 집어넣어줘 세포를 재생시키는 방법이다. 그러나 이 경우 미분화된 줄기세포가 이식되어 종양이 생길 수 있고, 인체의 면역반응을 조절하기 위해 면역억제제를 지속적으로 투여받아야 하는 등 한계가 많았다. 그래서 이런 부작용을 줄일 수 있는 대안으로 줄기세포를 편집하여 치료하려는 연구가 진행되고 있다.

❖ 줄기세포 재생 치료방법은 줄기세포이식수술과 차이점은 어떻게 되나?

인간배아줄기세포를 간(幹)세포로 분화시킨 뒤 이 세포들에서 분비하는 단백질들을 손상된 조직에 투여한 결과 세포증식을 통한 치료효과가 나타난다는 사실을 동물실험을 통해 밝혀냈다. 줄기세포를 이식받은 실험쥐에서 분비되는 단백질을 추출해 다른 실험쥐에게 넣어주자 줄기세포 이식 없이도 손상된 간 세포가 재생되는 것이 확인되었다. 일반적으로 조직이 손상되면 세포 스스로 내재

된 프로그램을 작동시켜 세포재생이 이뤄진다. 그런데 조직이 크게 손상되거나 유전적 결함이 있으면 재생프로그램이 작동하지 않는데 줄기세포에서 분비되는 단백질만으로도 이런 고장난 재생프로그램을 재작동시키는 장점이 있다.

❖ 유전자 편집으로 질병을 치료할 수 있나?

중국 선전에 있는 남방과학기술대학교 허젠쿠이 교수는 에이즈에 걸리지 않도록 유전자 편집을 한 쌍둥이 아기가 태어났다고 발표했다. 이처럼 유전자 편집기술인 크리스퍼(CRISPR)를 이용해서 HIV가 면역세포를 침범하는 것을 막기 위해 CCR5 유전자에 변이가 일어났다. CCR5 유전자 돌연변이는 인플루엔자 감염 후 사망률 21% 증가와 관련이 있다고 한다. 원하는 부분을 효과적으로 치료하여 부작용이 나타나지 않도록 하는 것은 시간이 걸리지만 머지않아 질병을 효과적으로 치료하는 날이 올 것이다.

농업 분야

➡ 종자개발연구원

❖ 미래 식량을 개발하거나 치료제를 개발하기 위해서 종자가 중요하다고 하는데 종자는 어떻게 만드나?

종자개발은 식물의 유전적인 성질을 이용해 새로운 종을 만들어내거나 기존의 채소 또는 과일의 맛·식감·외형을 개선하고, 병에 잘 견딜 수 있도록 개량하는 일을 한다.

종자를 개발하기 위해서는 4단계를 거쳐 만들어진다. ① 시장에서 고객들이 요구하는 사항과 미래의 수요를 예측해 개발 목표를 설정하고, ② 목표하는 특성을 가진 자원을 수집하거나 유전적 변이를 창출해 계통(유전적인 형질이 고정된 것)을 만들고, ③ 계통을 교배해 품종(병에 강하고 외형이 우수한 A계통과 맛이 좋은 B계통을 교배해 병에 강하고 맛과 외형이 뛰어난 품종을 만드는 것)을 만들고, ④ 개발된 품종에 고객이 원하는 형질이 포함되어 있는지 확인하는 시험을 통해 4단계를 모두 통과해야 종자로 개발되어 판매된다.

➡ 스마트팜 설계가

❖ 스마트팜설계자는 어떤 학과를 나와야 가능하나?

스마트팜설계자는 농업과 ICT(정보통신기술)를 연결하여 원격 또는 자동으로 동식물의 생육환경을 조절하여 농작물 재배 시설에서 수집된 정보를 관리하고, 모인 데이터를 농민들이 알기 쉽게 가공해 시기적절하게 제공하는 일을 한다.

이 일을 하기 위해서는 농업지식과 프로그래밍 지식이 있으면 가능하기에 바이오시스템공학과, 농기계공학과, 컴퓨터공학과, 전자공학과, 농생물학과, 농업경영학과 등 다양한 학과를 나와도 이 일을 수행할 수 있다.

❖ 정밀농업과 스마트팜의 차이는 무엇인가?

정밀농업은 비료, 농약 사용량을 최소화하면서 농업 효율을 극대화시킬 수 있는 농업을 의미한다. 작물의 생육 상태와 토양 조건을 세밀하게 파악해 위치별로 적합한 농자재를 투입하고 철저한 생육관리를 통해 적은 농지에서 최대한의 수확량을 얻을 수 있는 장점이 있다. 이러한 농업이 가능하도록 도와주는 시스템을 스마트팜이라고 하면 이해하기 쉽다. 스마트팜은 각종 센서로 온도, 태양광, 습도, 이산화탄소 농도, 물, 영양분, 가축의 체온이나 배설물 상태 등 환경 조건을 감지하고 카메라, 무인화 장비를 컴퓨터와 연결하여 언제 어디서나 작물이나 가축의 상태를 확인하고, 작업 현황을 파악하여 필요한 작업을 지시할 수 있도록 돕는 시스템을 말한다.

❖ **한국형 스마트팜 모델은 어떤 것이 있나?**

단동간편형, 연동복합형, 첨단수출형 세 가지가 있다. 단동간편형은 온실 환경을 모니터링하여 측창개폐, 보온커튼, 냉난방 등 설비를 원격으로 제어하여 참외, 수박 등을 재배한다. 연동복합형은 간편형에서 작물별 최적환경제어 알고리즘이 탑재되어 온실자동관리가 가능한 모델로 오이, 딸기, 멜론 등을 재배한다. 첨단수출형은 동식물 생리 정보에 근거하여 재배환경제어와 지능형 진단 및 처방이 가능한 스마트 온실로 파프리카, 토마토 등을 재배한다.

시설원예 한국형 스마트팜 모델 개발			
구분	단동간편형	연동복합형	첨단수출형
시설 형태	일반 단동	일반 연동, 대형 단동	유리온실, 대형 연동
제어방식 및 요소	시설현대화+간편제어 (환기+보온+관비 등)	복합제어 (단동간편형+양액+ 에너지절감시설 등)	복합,지능형제어 (연동복합형 +신재생에너지시설 등)
적용작물	참외, 수박 등	오이, 딸기 멜론 등	파프리카, 토마토, 화훼 등
단가 인하 (만원/0.3ha)	720 → 500 이하	2,000→ 1,000~1,500	4,000~20,000 →2,000~3,000

출처 : 농림축산식품부 보도자료

➡ 배양육전문가

❖ **배양육이 만들어진 배경은 무엇 때문인가?**

2008년에 동물의 권리를 보호하기 위한 세계적인 동물보호단체인 페타

(PETA)는 실험실에서 배양한 닭고기를 생산하면서부터 돼지의 세포를 이용하여 실험실에서 돼지고기를 배양하였다. 또한 종교적 신앙, 환경적인 문제, 식품첨가물, 질병에 대한 두려움 등 다양한 이유로 필요성이 대두되었다. 배양육에 곡물, 채소, 과일 등을 혼합한 특별한 공정으로 만든 슈퍼 해커푸드로 인기를 얻고 있다.

❖ 배양육이 지구온난화를 줄일 수 있나?

UN 식량농업기구 2013년 통계에 따르면 축산물을 통해 배출되고 있는 온실가스는 전체 배출량의 14.5%에 달한다. 현재 세계 인구 증가로 매년 2억 톤 이상의 육류가 추가로 필요하며, 가축에게 먹일 사료를 재배할 경작지 면적도 그만큼 더 필요하다. 하지만 배양육은 그런 고민을 해결해준다. 가축을 사육하는 방식에 비해 온실가스를 대폭 줄일 수 있다. 기존 연구에 의하면 배양육은 가축 사육방식보다 에너지 사용량은 7~45%, 온실가스 배출량은 78~96%, 토지 사용면적은 82~96% 줄일 수 있다.

❖ 배양육으로 동물 가죽을 대신할 수 있다고 하는데 사실인가?

배양육은 가죽, 플라스틱, 고무와 같은 비식용 소재를 개발하는 데 사용된다. 타란튤라 거미 가죽 시트, 고슴도치 가죽 자켓, 개미핥기 가죽 신발 등의 이국적인 제품들을 생산할 수 있다. 또한 유명한 사람의 줄기세포로부터 얻은 디자이너 소재를 개발하여 조지 클루니 핸드백, 앤젤리나 졸리 지갑 등을 생산할 수 있다.

❖ 배양육은 유전자변형식품인가?

배양육을 만들기 위해 유전자 삽입, 제거, 활성화, 침묵화, 돌연변이와 같은 유전자공학을 사용할 필요가 없다. 또한 배양육은 유기체가 아니라 조직세포의 집합이라서 유전자변형식품(GMO)이 아니다.

배양육은 통제되고 인공적인 환경에서 배양된 세포이기 때문에 GMO식물이라기보다 수경재배되는 식물에 더 가깝다.

수산 분야

➡ 스마트양식기술자

❖ 내수면 스마트 양식장은 무엇인가?

스마트 양식장을 통해 내수면과 해수면 양식을 융합해 부가가치가 높은 어종을 환경에 영향받지 않고 지속적으로 키울 수 있는 장점이 있다. 현재 충북 괴산군은 지역특화 품목으로 '바다송어'를 양식하고 관련 시장을 개척해 농가소득 향상에 도움을 주려고 한다. 4만㎡의 부지에 2만 3000㎡규모로 조성되는 스마트 양식장에는 물리화학적 수처리는 물론 생물학적 수처리방법을 이용한 순환여과시스템을 도입하며, 용존산소 용해기와 살균장치, 그리고 pH조절을 위한 안정조 및 공기·수온 제어장치 등 스마트 양식에 필요한 다양한 자동화 설비를 갖추어 운영한다.

❖ 스마트 양식장의 장점은 무엇인가?

스마트 양식장의 장점은 멀리 떨어진 육지에서도 스마트폰 하나로 양식장의 각종 시설을 운용할 수 있다는 점이다. 또한 무인 소형잠수정 및 수중카메라를 통해 물속 어류의 상태도 실시간으로 확인할 수 있다. 마지막으로 적조현상 등의 환경에 영향을 받지 않고 건강하게 잘 양식할 수 있는 장점이 있다.

❖ 스마트 양식장의 기대 효과는?

스마트 양식장 운영이 활성화되면 인건비나 사료비 등 경비 절감을 통해 경제적 효율성을 크게 높일 수 있고, 양식업 종사자의 고령화 및 인력수급 문제도 완화된다. 특히 인공지능을 활용한 첨단 양식기술을 적용하여 적정량의 먹이를 제때 공급함으로써 사료비 절감과 함께 바다환경 오염도 줄일 수 있어 앞으로 고령화 사회에서 새로운 먹거리와 일자리를 창출할 수 있다.

➡ 아쿠아포닉스 설계자

❖ 아쿠아포닉스가 무엇인가?

아쿠아포닉스는 물고기를 키우는 양식(Aquaculture)과 식물을 키운다는 뜻인 그리스어 포노스(Ponos)가 결합된 용어다. 수경재배를 의미하는 하이드로포닉스와 동일한 농법이지만 물에 영양분을 공급하는 방식에서 차이가 있다. 수경재배는 물에 양분을 넣어 주어야 하지만, 아쿠아포닉스는 물고기에게 먹이를 주고 그 물고기의 배설물과 잉여 양분이 식물의 영양분이 된다.

❖ 아쿠아포닉스의 장점은 무엇인가?

물 사용량을 90% 이상 줄일 수 있으며, 물고기와 식물을 동시에 키울 수 있어 비료를 따로 구매하지 않아도 되며, 수경재배하므로 토양 관련 병원균 감염을 걱정할 필요가 없으며 잡초를 제거할 필요가 없다. 또한 연중재배가 가능하며, 재배면적을 75% 이상 줄일 수 있다.

❖ **아쿠아포닉스로 키울 수 있는 물고기와 작물은?**

물고기는 틸라피아, 잉어, 메기, 민물새우 등이 있으며, 작물은 상추와 같은 잎채소, 바질, 파슬리 같은 허브류, 딸기나 토마토 등 과채류가 주류를 이룬다.

공무원 분야

➡ 농업연구사, 농촌지도사

❖ **농업연구사는 주로 어떤 일을 하나?**

농업연구사는 대한민국 농업 발전을 위해 각종 품종개발은 물론 재배기술 개발, 친환경기술 개발, 바이오에너지, 기능성 등을 연구하는 대한민국 7급 농업 직 공무원을 의미한다. 일반적인 농업직 공무원이 담당하는 행정업무나 단속업 무와 달리 농업연구사는 오직 기술개발 및 연구와 관련한 업무만을 담당하게 된 다. 국가직의 경우 농촌진흥청 및 농업과학기술원 등의 산하기관 또는 시험장에 서 근무하게 되며, 지방직의 경우 각 시도 농업기술원 및 농업기술센터, 그리고 농업기술원 산하 시험장에서 근무한다. 유사 직렬 가운데 하나인 농촌지도사가 8급 기술직에 해당되는 반면 농업연구사는 7급 연구직에 해당되기 때문에, 일반 적으로 1~9급으로 나뉘는 공무원 체계와 달리 '연구사'와 '연구관'이라는 두 가 지 직급으로 이루어진다.

❖ **농업연구사는 주로 어떤 곳에서 일을 하나?**

농촌진흥청, 국립농업과학원(농업환경부, 농업생물부, 농산물안전성부, 한식세계 화연구단, 농업생명자원부, 농업공학부), 국립식량과학원(벼맥류부, 기능성작물부, 고령지농업연구센터), 국립원예특작과학원(원예작물부, 인삼특작부, 온난화대응농업연구센터, 감귤시험장), 국립축산과학원(제주출장소)에서 일을 한다.

➡ 축산검역연구원

❖ **매년 조류독감, 돼지열병 등으로 매몰하는데 효과적인 방역방법은?**

매몰 없이 대량의 사체를 처리할 수 있는 새로운 개념의 시스템(자연 그대로)이 개발되었다. 안락사 처리된 사체를 파쇄한 후 발효효소를 통해 완전 분해하고, 기화시켜 처리하는 방식이다. 이산화염소 가스를 활용한 축산차량 소독과 냄새 제거 기술은 기존 포르말린 훈증 방식에 비해 소독 시간도 짧고, 인체에 무해한 방식이며, 차량 곳곳에 묻어 있는 냄새의 제거 효과까지 있어 효과적인 방역이 가능할 것이다.

❖ **동물 감염병을 전문적으로 관리할 수 있는 인력은 어디에서 교육하나?**

지금까지 수의대 학생을 대상으로 교육이 진행되었는데, 2020년 1월중 3개이내의 특수대학원을 선정하여, 동물 감염병 관련 중소·벤처 기업 연구 종사자에 대한 재교육을 지원하고 지역별 축산업 특성을 반영하여 전문화된 교육을 진행하여 방역 체계와 방법을 배우고, 백신과 소독제 표준화 작업들에 대해 배워 관련된 업무를 수행할 것이다.

➡ 물고기의사, 국립수산물품질검사원

❖ **물고기의사는 어떤 일을 하나?**

해양수산부는 물고기의사 자격시험인 수산질병관리사 국가시험이 있다. 수산

질병관리사는 수산생명의학과를 졸업한 사람만이 응시할 수 있다. 해양수산부 산하 국립수산물품질검사원에서 수생동식물검역담당(8급)으로 일한다. 국제수역사무국(OIE) 회의에서 우리나라 수생동물 질병 분야 전문가로 활동할 수 있다. 물고기의사로서 전문성을 살려 항생제를 사용하지 않고 면역력을 높여 물고기가 자랄 수 있도록 도움을 주고, 병에 걸린 물고기를 치료하는 물고기질병전문가로 일을 한다.

핵심 키워드로 알아보는 생명과학 및 생명공학

➡ KAIST 생명과학과

Q KAIST 생명과학과에서는 주로 어떤 연구를 진행하나요?

A 생명과학은 생명현상의 본질을 탐구하고 이를 생명공학적으로 응용하는 분야입니다. 유전자는 어떻게 발현되고 조절되는지, 세포는 어떻게 조직되어 개체를 만들고 유지하는지, 신경세포들로 구성된 뇌는 어떻게 기억을 하고 판단을 하는지, 생물 개체들 간에 상호작용은 어떻게 일어나는지를 연구합니다.

KAIST 생명과학과는 유전체 정보, 줄기세포 및 인공장기 제작, 최첨단 현미경, 나노 기술 등의 최첨단 융합기술을 이용하여 연구를 수행하고 있습니다. 더 나아가 암이나 자폐증 같은 인간 질병 발생기작을 이해하고 이를 바탕으로 생명공학적 치료법과 신약을 개발하고 있습니다.

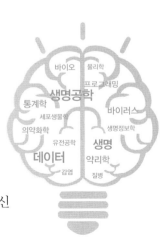

→ 한양대학교 생명공학과

Q 한양대 생명공학과는 다른 대학에 비해 어떤 장점이 있나요?

A 현재 IT기술은 포화상태에 이르렀고, 많은 미래과학자들이 앞으로의 미래산업은 BT 산업으로부터 이끌 것으로 내다보고 있습니다. 또한 삶의 질이 풍족해짐에 따라 인류의 건강과 질병에 관심을 가지고 있어 BT산업의 주인공이 될 수 있는 역량을 갖출 수 있습니다.

생명공학은 실험도 많이 하게 되고 대학원 진학률도 높습니다. 이러한 이유로 1학년부터 새내기 세미나로 시작하여 대학원 이후 과정에 관심을 가지고 연구에 흥미를 가지는 학생은 '캡스톤디자인' 커리큘럼을 통해 그 과정을 미리 알아보고 준비할 수 있습니다. 또한 학부-대학원 간 인턴 연계율이 매우 높기 때문에 이를 적극적으로 이용할 수 있습니다.

→ 건국대학교 의생명공학과

Q 의생명공학과 생명공학은 어떤 차이점이 있나요?

A 의생명공학은 공학의 기본 원리와 디자인 개념을 생물학 및 의료에 적용한다는 점에서 생명공학과 차이점을 보입니다. 인간의 보건 증진 및 삶의 질 향상을 목적으로 하는 신생 학문 분야입니다.

의생명공학은 인류의 미래를 주도할 첨단산업 6대 신기술에 속하는 생명공학기술(BT), 정보기술(IT) 및 나노기술(NT) 등의 비약적인 발전은 이들의 융복합을 통한 새로운 학문 분야의 탄생을 가능하게 하였습니다. 의생명공학은 이러한 다양한 신기술들을 융합하여 질병의 진단, 예방 그리고 치료에 응용할 수 있는 새로운 기술을 개발하는 것을 목표로 하고 있습니다.

➡ 차의과학대학교 의생명과학과

Q 차의과학대학교 의생명과학과에서 운영하는 해외연수나 장학제도에 대해서 알고 싶습니다.

A 학생들이 국제학술학회에 활발히 참여하고, 외국의 유명 연구소와 대학을 탐방할 수 있도록 적극적으로 지원하고 클러스터 과제 수행과 전문가 초청 및 취업설명회 등의 프로그램 등을 지원하고 있습니다.

차의과학대학교 줄기세포 및 기초과학 연구소를 통해 방학기간 동안을 이용한 관심 분야 연구실에서 직접 실험에 참여할 수 있는 인턴십 연구원 기회를 제공하고 있습니다.

학비 부담을 줄이고 학구열을 높일 수 있도록 장학금을 지원하고, 학문탐구를 위한 전문동아리를 지원하며, 기숙사 시설을 보유하고 있어 대학 생활에 충실히 임할 수 있도록 많은 노력을 기울이고 있습니다. 특히, 대학원의 경우 최우수 인력을 양성하고 연구 성과의 질적·양적 발전을 위해 석사과정, 석박통합과정, 박사과정의 대학원생 전원에게 등록금의 25%를 지원하고 있습니다.

➔ 한양대학교(ERICA) 분자생명과학과

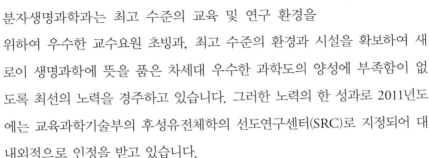

Q 한양대학교(ERICA) 분자생명과학과는 다른 대
학 어느 과와 유사한가요?

A 다른 대학의 생화학과, 생화학 및 분자생
물학과와 배우는 과목들이 유사합니다. 한
양대 분자생명과학과도 예전에는 생화학과
에서 학과 명칭이 변경되었습니다.

분자생명과학과는 최고 수준의 교육 및 연구 환경을
위하여 우수한 교수요원 초빙과, 최고 수준의 환경과 시설을 확보하여 새
로이 생명과학에 뜻을 품은 차세대 우수한 과학도의 양성에 부족함이 없
도록 최선의 노력을 경주하고 있습니다. 그러한 노력의 한 성과로 2011년도
에는 교육과학기술부의 후성유전체학의 선도연구센터(SRC)로 지정되어 대
내외적으로 인정을 받고 있습니다.

➔ 세종대학교 생명시스템학부

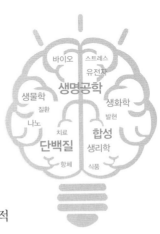

Q 세종대학교 생명시스템학부의 특징을 이야기
해주세요.

A 생명시스템 학부는 차세대 성장 동력의 하
나인 기초 및 응용 바이오·식품·식물 분야
를 심도 있게 교육하고 첨단기법으로 연구하
여 관련 분야를 선도해 나갈 창의적이고 능동적
인 인재를 배출하는 곳입니다.

본 학부는 생명과학대학 내의 바이오융합공학과(생명공학 및 식품공학 전공), 분자생물학과, 바이오자원공학과를 통합하여 학제를 일원화함으로써 교육의 수월성과 연구의 시너지를 확보하고 차별화된 교육과정을 기반으로 BT·NT·IT 융합 인재의 역량을 갖추도록 하고 있습니다.

Ⓠ **그럼 바이오융합공학과 (생명공학 및 식품공학 전공), 분자생물학과, 바이오자원공학과 특징에 대해 알고 싶습니다.**

Ⓐ 식품생명공학 분야는 인간의 생활에 필수적으로 요구되는 에너지, 영양소 및 각종 기능성 생리활성 성분을 공급하는 식품의 물리화학적 성질, 저장, 가공, 안정성, 위생, 건강에 미치는 영향 등에 필요한 이론과 관련 기술을 다루는 생물, 화학, 공학 등을 기초로 하는 종합과학 분야이자 생명공학, 유전공학 및 전자공학 등을 응용하는 융합과학입니다.

바이오 융합공학은 생명체의 기본 생명현상을 이해하기 위해 필수적인 분자 생물학, 미생물학, 유전학, 생리학, 생화학, 면역학 등의 기초학문 분야와 그 원리를 활용하여 질병의 예방과 치료에 기여할 수 있는 바이오 의료 기술 개발 연구 및 교육에 중점을 둔 나노바이오공학, 백신개발, 생물(화학)공학, 신약설계, 노화생명, 줄기세포, 뇌인지과학 등의 응용 분야로 이루어져 있다. 국내외에서 인정받는 우수한 교수진의 탁월한 연구는 국내외 바이오 분야에서 그 두각을 나타내고 있습니다.

바이오자원공학은 생물학, 화학, 유전학 등의 기초 학문 지식과 육종학, 유전공학, 천연소재공학 등의 응용 학문 지식을 상호 보완적으로 교육시키며, 특히 현장 실습 교육을 강화하여 생명 현상 전반에 관한 높은 이해와 지식을 바탕으로 생명 산업 현장에 바로 활용될 수 있는 경쟁력을 갖춘 실무형 전문인력 양성을 목표로 교육하고자 합니다.

Q 그럼 학부에서는 어떤 과목을 공부하고 전공은 언제 선택하나요?

A 본 학부에서는 1, 2학년에서 공통 기초교과목을, 3, 4학년에서는 심화된 전공 프로그램(식품생명공학, 바이오융합공학, 바이오산업자원공학)을 운영하여 전공 선택의 다양성을 부여하고 졸업 후 진로에 따른 맞춤형 교육과정을 제공합니다.

또한 실험 및 실습이 강화된 교육인프라를 구축하고 산·학·연 협력 프로그램을 개설, 부속기관인 생명과학연구소, 탄수화물소재연구소 및 식물공학연구소와의 연계교육을 통하여 국제경쟁력을 갖춘 실무형 전문 연구 인력을 배출합니다.

핵심 키워드로 알아보는 유전공학 및 줄기세포공학

➡ 경희대 유전공학과

Q 경희대 유전공학과에 진학하면 다양한 연구 활동을 할 수 있나요?

A 본 대학에서는 유전공학과를 주축으로 한 생명공학원을 분리하여 2000년부터 독립적으로 운영하고 있습니다. 생명공학원은 교육인적자원부 과학기술 분야 BK21 주관 대학교로 지정되어 21세기 생명공학시대가 요구하는 건전하고 유능한 유전공학 전문 인력의 양성에 주력하고 있습니다. 이 외에도 유전공학과에는 과학기술부지원 식물대사연구센터, 보건복지부지원 근골격

계바이오장기센터 그리고 산업자원부지원 피부생명공학센터가 유치되어 뛰어난 연구 경쟁력을 확보하고 있어 다양한 연구 활동이 가능합니다.

그 결과 여러 대학, 국공립 연구기관, 제약 및 식품회사, 병원 연구소, 기타 관련 기업체 연구소 및 산업 현장에서 연구 활동을 계속 하고 있습니다.

➜ 성균관대학교 글로벌바이오메디컬공학과

Q 성균관대학교 글로벌바이오메디컬공학과에서 요구하는 인재상이 있나요?

A 네, 세 가지 인재상이 있습니다. 고등학교 시절 인재상에 맞는 학교 활동이나 독서를 하면 좋습니다.

〔교양인〕 국가 및 사회가 요구하는 기본소양 및 문제해결 능력과 국제적 소양을 갖춘 글로벌 교양인

〔전문가〕 창의적 사고와 도전정신으로 의료기기, 의료소재·소자 시장을 이끌어갈 전문가와 및 바이오 분야를 선도할 차세대 연구인력

〔리더〕 세계를 선도하는 의공학 전문지식을 바탕으로 글로벌 역량을 갖추고 인류사회에 공헌할 수 있는 리더

Q 글로벌바이오메디컬공학과는 어떤 특징이 있나요?

A 광범위한 BME 분야의 개괄적 교육이 아닌 세 가지 중점 분야인 의료영상 및 기기, 생체재료, 뇌과학 분야로 특화되어 있습니다. 의료기기 운영인력 양성에 머무르지 않고 첨단의료장비 및 생체기기의 원리를 이해하고 연구개발할 수 있는 인력을 양성합니다.

IBS 뇌과학이미징연구단의 세계적 수준의 전임교수 및 첨단인프라(전용건물, MRI 등) 를 활용하여 차별화된 교육을 제공하고, 장학금, 연구장려금을 통해 우수학생을 확보하고 글로벌 수준의 교육 및 연구프로그램을 통해 타 대학과의 차별성을 확보했습니다.

Q 연구직은 보통 대학원을 진학해야 한다고 하는데 학사과정만 마치고 연구원 취업이 가능한가요?

A 학사과정만 마치고도 취업이 가능합니다. 하지만 대학원을 진학한다면 임상학 등 국내외 대학원 및 의학전문대학원 진학(pre-med)을 통해 교수급 인재로 거듭날 수 있습니다. 국제 무대에서 바이오와 기술에 대한 지식을 바탕으로 한 산업계의 리더(CEO) 역할을 하기도 합니다.
병원에서 의료기기의 선택과 사용, 관리감독이나 연구소에서 국제 의료 분야 등의 연구 인력과 공동 연구 활동을 하기도 합니다. 그 외 공공기관에서 의료기기 생산품의 안전성 검사 및 관리자 역할을 하기도 합니다.

➡ KAIST 바이오 및 뇌공학과

Q KAIST '바이오 및 뇌공학과'에서는 어떤 연구를 진행하나요? 컴퓨터 프로그래밍을 이용한 연구가 많나요?

A KAIST '바이오 및 뇌공학과'에서는 바이오정보학/시스템생물학과 바이오전자, 바이오나노/마이크로시스템, 뇌/신경공학, 바이오이미징 연구를 진행하고 있습니다.

바이오정보학은 기존에 발전된 컴퓨터 기술을 이용하여 DNA/RNA 유전자 염기서열과 유전자 조합을 분석하는 방법을 탐구하여, 이를 효과적으로 컴퓨터상에서 처리하기 위한 데이터 구조와 소프트웨어 알고리즘의 개발에 중점을 두고 있습니다.

시스템생물학은 생명체를 하나의 동역학 시스템으로 간주하고 생명현상을 지배하는 시스템 차원의 동작원리를 규명하기 위하여 수학모델링, 컴퓨터 시뮬레이션, 그리고 생물학실험을 융합하여 접근하는 융합학문입니다.

바이오전자시스템은 생명과학과 전자공학의 융합 학문으로서, 생명체 신호 및 영상의 측정과 분석 방법을 연구하고, 뇌신경계의 신호처리 메커니즘을 탐구하여, 이를 활용한 지능시스템 및 의료기술 개발을 위한 학제적 연구를 수행합니다.

바이오나노/마이크로시스템 분야는 바이오 물질 및 기능, 구조체의 기계적 특성 규명과 동작원리의 정량적 분석, 그리고 이들의 제어, 조작 기능과 생명현상 정보의 필요한 기전자공학적 극미세 도구와 방법을 탐구하고, 극미세 바이오 현상의 공학적 모델링 및 기능 모사, 그리고 이를 응용한 새로운 개념의 고기능 핵심소재, 생체 처리/조작 기능소자 및 바이오 기전복합 시스템 창출에 필요한 공학적 지식을 제공합니다.

Q 뇌/신경공학과 바이오이미징은 어떤 분야를 연구하나요?

A 뇌신경공학은 뇌를 포함한 신경계의 기능과 행동을 이해하고 조절하는 제반 공학기술을 연구하며 신경계를 보다 정확하고 효율적으로 탐구할 수 있는 방법론을 제공하는 학제 간 융합학문입니다.

주요 연구 분야로는 신경 인터페이스, 인공신경칩, 신경정보학 및 컴퓨터 모델링, 신경 정보처리, 신경 조직공학, 인지공학, 바이오로보틱스 등을 포함하며, 신경 과학과 바이오공학을 융합한 다양한 연구주제를 다루고 있습니다.

바이오이미징은 현대 생물학, 의학의 흐름 영상을 통한 발견의 방향으로 발전해오는 가운데 필요한 생물학적, 의학적인 새로운 영상기법을 개발하고 기존의 영상 기법의 한계를 극복하기 위한 기술을 연구합니다. 현재 바이오 및 뇌공학과에서는 자기공명영상(MRI), x-ray/양전자 단층촬영기 (CT/PET), 근적외선 뇌영상 기법 (NIRS) 및 다양한 광학 영상 기법 등의 분야를 연구하고 있습니다.

핵심 키워드로 알아보는 농생명학

➡ 서울대학교 식품·동물생명공학부

Ⓠ **서울대학교 식품·동물생명공학부는 두 전공 중에 하나를 선택하면 되나요?**

Ⓐ 네, 자신의 진로와 관련이 있는 학과를 선택해서 공부하면 됩니다.

Ⓠ **식품생명공학부에 대해 설명해주세요.**

Ⓐ 식품생명공학은 인간생활에서 가장 기본적으로 요구 되는 에너지, 영양소, 각종 기능성 생리활성 성분을 공급하는 식품에 관련하여 물리화학적 성질, 가공과 저장, 건강에의 영향 등에 필요한 이론과 관련 기술을 다룸으로써 건강한 인류사회를 구현하고 있습니다.

식품생명공학은 화학, 생물학, 공학 등 학제 간의 모든 내용을 포함하는 종합과학이며, 미래과학이라고 일컬어지는 생명공학, 유전공학, 전자공학 등을 모두 응용하는 첨단과학입니다.

Q 대학원까지 진학할 생각인데 학사과정와 대학원과정에서 배우는 내용을 설명해 주세요.

A 학사과정에서는 식품생명공학에 필요한 기초이론과 식품 및 생명공학산업에 필요한 기술을 배웁니다.

대학원에서는 식품단백질화학, 식품미생물유전공학, 식품공정자동화, 탄수화물효소공학, 기능성식품학, 풍미화학, 재조합미생물공학, 생물공정공학, 식품공정제어, 식품안전성 등 여러 분야에서 활발히 연구를 수행하고 있으며 식품공학실, 효소공학실, 기능성식품학실, 식품화학실, 생물분자공학실, 식품분자미생물학실, 식품 안전성·독성학실 등이 운영되고 있습니다.

Q 동물생명공학에서는 어떤 연구를 진행하나요?

A 동물생명공학은 기존의 전통적 동물생명 활용기술과 첨단생명과학 기술이 융합된 학문분야입니다. 따라서 본 전공은 동물생명의 원리 및 동물자원 활용에 대한 고급학문이론과 방법을 교수하여 미래사회에 필요한 인력개발을 목표로 하고 있습니다.

이러한 목적을 도모하기 위하여 생리 및 유전학 분야의 고급지식과 영양, 미생물, 생식 및 환경공학 분야의 응용학문을 이용하여 인류 삶의 질 향상에 필요한 자원생산 및 첨단기술을 연구합니다.

Q 동물생명공학을 전공하면 어떤 일을 주로 하나요?

A 졸업생들은 생명공학 및 동물산업 전 분야의 우수기업 및 연구소 등에서 활발히 활동하고 있습니다. 현재 본 학과에서는 21세기에 적합한 우수인력 양성을 위하여 최신교육기법을 도입한 다양한 첨단교육시스템이 확립되어 있으며 서울대학교 교육이념을 토대로 첨단응용학문 분야 및 산업 분야 취업을 위한 프로그램이 개설되어 다양한 경험을 할 수 있습니다.

➡ 부산대학교 동물생명자원과학과

Q 동물생명자원과학과는 어떤 학과인지 자세히 설명해주세요.

A 경제동물을 중심으로 하는 전통적 동물 자원과학과 첨단 생명과학 기술과의 융합을 통하여 고부가가치 동물성 식품의 생산은 물론 인간에게 유용한 경제동물 생산 및 소재 개발, 동물과 인간과의 공존의 방법을 폭넓게 탐구하는 등 경제동물에 대한 부가가치를 극대화시킴은 물론 동물 친화적 인간 삶의 질 향상을 끊임없이 추구하는 분야입니다.

Q 부산대 동물생명자원과학과만의 특징이 있나요?

A 부산대학교가 선정한 '특수동물 특성화 사업단(PNU-SABC)'으로 선정되어 고부가가치 특수동물 분야를 선도적으로 이끌어나갈 큰 비전을 위하여 새로운 로드맵을 구축하고 교육과 연구를 하고 있습니다.

Q 대학에서는 주로 어떤 내용을 배우나요?

A 첨단 생명공학과의 접목을 통하여 경제동물의 개량·육종, 효율적 번식, 형질개선과 경제적 영양 관리 체계를 연구할 뿐 아니라, 동물성식품에 대한 기능성 강화 및 생산물의 가공을 위한 이론과 기술을 개발 발전시키기 위해 노력하고 있습니다.

이를 위하여 동물생명자원전공 학생은 유기화학, 생화학, 통계학, 유전학, 생리학, 분자 생물학, 세포배양학과 같은 기초 학문과, 영양학, 사료학, 번식학, 육종학, 가공학, 유생산학, 생명기능 해석과 같은 생명공학((bio-technology)학문을 배우고 있습니다.

Q 대학을 졸업하면 어떤 업체에 취업이 가능한가요?

A 유관대기업(카길퓨리나코리아, CJ, 대한제당, 이지바이오, 우성사료 등), 생명공학 관련 기업, 연구소(축산과학원, 수의과학연구소, 식품과학연구소, 축산물품질평가원 등), 농협중앙회, 마사회, 육가공회사(롯데햄, 하림, 동원 등), 유업회사(서울우유, 남양우유, 빙그레, 야쿠르트, 파스퇴르, 부산유업 등), 농업기술센터, 지역축산농협, 공무원,2급 정교사, 대학원진학, 유학, 동물약품회사, 가축방역사업소, 대한양계협회, 대한양돈협회, 대한한우협회, 대한종축계량협회, 대한낙농협회, 동물원(삼성애버랜드, 서울대공원 등), 반려동물 관련 업체 등에 취업이 가능합니다.

핵심 키워드로 알아보는 수산생명의학

🔜 부경대학교 수산생명의학과

Q 수산생명의학과는 물고기를 치료하는 의사가
되는 과인가요?

A 수산생명의학과에서는 어패류를 비롯한
각종 수산 동물과 해양 생물의 건강관리와
함께 위생적으로 안전한 수산물의 생산을 위
하여 해부학, 생리학, 생화학, 면역학, 식품위생
학 및 공중보건학 등의 기초 학문과 수산 동물 질병 발
생과 관련되는 미생물, 기생충, 바이러스, 환경 및 수산동물의 임상에 대
한 약리, 병리, 진단 및 감염성 질병에 관한 학문을 공부하는 학과입니다.

Q 수산생명 전공 대학원도 있나요?

A 대학원은 수산생물의 질병에 대한 효과적인 대책 마련을 위해 진단, 치료
및 예방 등 다양하고 종합적인 수산생명의학 분야를 연구, 교수하고 있습
니다.
주요 학문 분야는 어패류병리학, 어패류기생충학, 어병예방학, 어류약리학,
영양성질병학, 환경성질병학 그리고 어병진단학 등의 폭넓은 교과과정으로
구성되어 있습니다.

Q 전공을 살려 취득할 수 있는 자격증이 있나요?

A 전공을 공부하여 취득할 수 있는 자격증은 수산질병관리사(한국해양수산

연수원 시행, 해양수산부장관 면허), 교원자격증(교육인적자원부 시행, 중등학교 2급 정교사 ※표시과목: 수산해양), 수산양식기사(한국산업인력공단 시행, 국가기술자격) 등이 있습니다.

Q 졸업 후 진로는 어떻게 되나요?

A 수산생명의학과에서 양성된 인재들은 수산질병관리사 면허 취득 이후 수산 동물 질병 진료업에 임할 수 있으며, 국립수산과학원, 국립수산물품질관리원, 지방해양수산청 등 해양수산부 산하의 국가기관 및 각 시·도의 수산직 공무원으로 임용될 수 있습니다 .

또한, 각종 수산 관련 연구기관의 전문 연구 인력으로의 진출이 가능하며, 양식현장, 제약회사 및 사료회사 등으로 진출하여 수산 질병 관련 업무에 종사하는 경우도 있습니다.

교직과정을 이수한 경우에는 임용시험을 거쳐 수산계 고등학교의 교사로 일할 수도 있습니다.

➡ 전남대학교 수산생명의학과

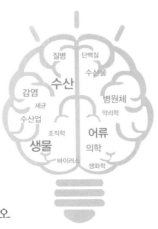

Q 전남대학교 수산생명의학과의 취업과 진로는 어떻게 되나요?

A 수산생물질병을 전문적으로 담당할 수 있는 전문인력을 양성하고 과학적인 치료 기틀을 마련하기 위하여 정부에서는 수산질병관리사 국가면허 제도를 2004년부터 시행해오

고 있으며, 이 면허를 취득하면 수산생물질병 전문가로서 수산질병관리원을 개원하여 수산생물질병의 진단, 치료 및 예방 업무를 할 수 있습니다.

대학원을 진학하거나, 국립수산과학원, 농림축산검역본부, 식품의약품안전처, 국립환경과학원, 질병관리본부, 한국수산과학기술진흥원 등의 국가직 공무원, 각 지자체의 해양수산연구소의 지방직공무원, 한국수력원자력 연구소, 대기업체 아쿠아리움, 해양수산박물관, 한국농어촌공사, 수산용 의약품제조회사, 사료회사, 수산물 유통·가공업체 및 양식업체 등 다양한 분야로 진출할 수 있으며, 수산해양 관련 잡지사나 신문사 기자로도 활동할 수 있습니다.

계열별 연계 도서와
동영상을 추천해주세요

생명과학 및 생명공학계열 추천도서와 동영상

💬 생명과학 추천도서

도서명	지은이	출판사
이것이 생물학이다	에른스트 마이어 외	바다출판사
수상한 과학	전방욱	풀빛
생활 속의 생명과학	Colleen Belk 외	바이오사이언스
하리하라의 바이오 사이언스	이은희	살림FRIENDS
조상이야기	리처드 도킨스 외	까치
과학공화국 생물 법정	정완상	자음과 모음
산책로에서 만난 즐거운 생물학	유르겐 즈라터 외	살림
바이오테크 시대	제러미 리프킨 외	민음사
생물학 이야기	김웅진	행성B
세포의 발견	헨리 해리스	전파과학사

💬 생명공학 추천도서

도서명	지은이	출판사
식탁 위의 생명공학	농업생명공학기술바로알기	푸른길

하리하라의 바이오 사이언스	이은희	살림FRIENDS
100가지 과학의 대발견	켄들 헤븐 외	GBRAIN
하리하라의 생물학 카페	이은희	궁리
생활 속의 생명과학	Colleen Belk 외	바이오사이언스
재밌어서 밤새읽는 화학 이야기	사마키 다케오 외	더숲
DNA : 생명의 비밀	제임스 D.왓슨 외	까치
땅속에서 과학이 숨쉰다	장순근	가람기획
조상이야기	리처드 도킨스 외	까치
미생물학 길라잡이	Kathleen Park Talaro 외	라이프사이언스
다원의 식탁	장대익	이미지북
개념을 잡는 비주얼 진화책	브라이언 클레그 외	궁리

💬 의생명공학(과학) 추천도서

도서명	지은이	출판사
조상이야기	리처드 도킨스 외	까치
개념잡는 비주얼 진화책	브라이언 클레그 외	궁리
DNA : 생명의 비밀	제임스 D.왓슨 외	까치
DNA 탐정	타니아 로이드 치 외	라임
생활 속의 생명과학	Colleen Belk 외	바이오사이언스
식탁위의 생명공학	농업생명공학기술바로알기	푸른길
100가지 과학의 대발견	켄틀 헤븐 외	GBRAIN
일상에서 과학을 보다	일본화학회	한티미디어
하리하라의 바이오 사이언스	이은희	살림FRIENDS
다윈 지능	최재천	사이언스북스
이것이 생물학이다	에른스트 마이어 외	바다출판사
진화학 – 원리 그리고 과정	Brin K. Hall 외	홍릉과학출판사
뇌과학자는 영화에서 인간을 본다	정재승	어크로스
과학공화국 생물법정	정완상	자음과모음

💬 분자생명과학(유전공학) 추천도서

도서명	지은이	출판사
하리하라의 바이오 사이언스	이은희	살림FRIENDS
진화학-원리 그리고 과정	Brin K. Hall 외	홍릉과학출판사
DNA : 생명의 비밀	제임스 D.왓슨 외	까치
유전자 전쟁의 현대사 산책	이병훈	사이언스북스
수상한 과학	전방욱	풀빛
이것이 생물학이다	에른스트 마이어 외	바다출판사
바람에 실려 온 페니실린	권오길	지성사
이덕환의 과학세상	이덕환	프로네시스
물의 자연사	앨리스 아웃워터 외	예지
생활속의 생명과학	Colleen Belk 외	바이오사이언스
조상이야기	리처드 도킨스 외	까치
산책로에서 만난 즐거운 생물학	유르겐 즈라터 외	살림
뇌과학자는 영화에서 인간을 본다	정재승	어크로스
바이오테크 시대	제러미 리프킨 외	민음사
과학공화국 생물법정	정완상	자음과모음

💬 의생명시스템 추천도서

도서명	지은이	출판사
하버드 의대가 당신의 식탁을 책임진다	월터 C. 윌렛 외	동아일보사
생물과 무생물 사이	후쿠오카 신이치 외	은행나무
천재들의 과학노트 2	캐서린 쿨렌 외	Gbrain(지브레인
재미있는 나노과학기술 여행	금동화 외	양문출판사
처음 읽는 미래과학 교과서 3	박태현	김영사
일상에서 과학을 보다 1	일본화학회	한티미디어

역사를 바꾼 17가지 화학이야기 1	페니 르 쿠터 외	사이언스북스
코스모스	칼 세이건 외	사이언스북스
알고 보면 간단한 화학 반응	요네야마 아마노부 외	이지북
꿈의 물질, 초전도	김찬중	하늬바람에영글다

💬 바이오 메디컬(뇌공학)학 추천도서

도서명	지은이	출판사
100가지 과학의 대발견	켄들 헤븐 외	GBRAIN ǀ
하리하라의 바이오 사이언스	이은희	살림FRIENDS
미생물학 길라잡이	Kathleen Park Talaro 외	라이프사이언스
생활속의 생명과학	Colleen Belk 외	바이오사이언스
재밌어서 밤새있는 화학 이야기	사마키 다케오 외	바이오사이언스
내추럴리 데인저러스	제임스 콜만 외	다산초당
땅속에서 과학이 숨쉰다	장순근	가람기획
과학공화국 생물법정	정완상	자음과모음
식물의 정신세계	피터 톰킨스	정신세계사
MT 생명공학	최강열	장서가 ǀ
하리하라의 생물학 카페	이은희	궁리
개념 잡는 비주얼 진화책	브라이너 클레그 외	궁리

💬 생명공학 추천동영상

한국생명공학연구원 http://www.kribb.re.kr

한국미생물 · 생명공학회 http://www.kormb.or.kr

기초과학연구원 http://www.ibs.re.kr

국가생명연구자원정보센터 http://www.kobic.re.kr

나의 성공비결−바다에서 미래를 찾는다, 해양 생명공학자 차형준

http://www.youtube.com/watch?v=Q_AbnbwD3Zg

미래직업 첨단기술직업_생명공학자

http://www.youtube.com/watch?v= 7sTAQzewc_4

오송첨단의료산업진흥재단 http://www.kbiohealth.kr

글로벌 첨단바이오 의약품 코디네이팅센터 http://www.cogib.kr

한국제약바이오협회 http://www.kpbma.or.kr

세포 치료제의 기술 개발 및 제조·판매 기업 '바이오솔루션 이정선 대표

'https://www.youtube.com/watch?v=DuowJ_G5Fto

생물학연구정보센터 http://www.ibric.org

한국생명정보학회 http://www.ksbi.or.kr

생물정보학자 인터뷰 한국생명공학연구원 김남신 / 커리어넷

http://www.career.go.kr/cnet/front/web/movie/catMapp/catMappView.do?ARCL_SER=1000251

💬 생명공학과 K−MOOC 추천동영상

생명과학의 세계
| 서울대, 한국과학기술원, 포항공대
2018/08/27 ~ 2018/12/09

생명의 과학 - 생명, 그 신비에 의 도전
이우성 | 성균관대학교
2019/03/04 ~ 2019/06/10

생명의 과학 - 생명, 그 신비에 의 도전
| 성균관대학교
2018/09/03 ~ 2018/12/14

생명의 과학 - 생명, 그 신비에
의 도전
이우성 | 성균관대학교
2019/09/02 ~ 2019/12/08

알기 쉬운 해양생명과학
| 제주대학교
2019/02/28 ~ 2019/06/22

알기 쉬운 해양생명과학
| 제주대학교
2019/08/26 ~ 2019/12/09

💬 생명공학과 TED 추천동영상

Angela Belcher
**자연을 활용하여 배터리 기
르기**
Posted Apr 2011

Quyen Nguyen
**쿠엔 누엔(Quyen
Nguyen) : 색이 보이는 수
술**
Posted Dec 2011

Christine Porath
**동료들에게 친절하게 대하
면 업무에도 도움이 됩니다**
Posted Oct 2018

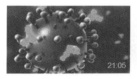

Seth Berkley
**세스 버클리: HIV와 독
감—백신 전략**
Posted May 2010

Paul Root Wolpe
**폴 루트 볼페이 : 바이오공
학에 대해 의문을 가질 때이
다.**
Posted Mar 2011

Louise Fresco
**루이스 프레스코: 어떻게 전
세계 사람들을 먹여살릴 것
인가?**
Posted May 2009

유전공학 및 줄기세포공학계열 추천도서와 동영상

💬 추천도서

도서명	지은이	출판사
DNA : 생명의 비밀	제임수 D. 왓슨 외	까치
조상이야기-생명의 기원의 찾아서	리처드 도킨스 외	까치
산책로에서 만난 즐거운 생물학	유루겐브라터 외	살림
뇌과학자는 영화에서 인간을 본다	정재승	어크로스
생활속 생명과학	Colleen Belk 외	바이오사이언스
이것이 생물학이다	에른스튼 마이어	바다출판사
하리하라의 바이오사이언스 : 유전과 생명공학	이은희	살림 FRIENDS
바이오테크 시대	제러미 리프킨 외	민음사
수상한 과학	전방욱	풀빛
DNA 탐정	타니아 로이드 치 외	라임
진화학-원리 그리고 과정	Brian K. Hall 외	홍릉과학출판사
하리하라의 생물학 카페	이은희	궁리

💬 유전공학 및 줄기세포공학과 KOCW 추천동영상

유전공학 ▶ 📄
강원대학교 | **최형태**
생물학, 미생물학, 세포학, 생화학 및 분자생물학을 기초로 1) 유전자의 클로닝, 2) 발현벡터의 구축, 3) 발현 및 단백질의 정제 등에 대한 방법론을 수업한다. 최근 발표된 논문과 소식지 등에서 질병 진단과 치료에 관련된...
📖 차시보기 | 📂 강의담기

생명공학입문 ▶
영남대학교 | **백광현** | 2015년 1학기
생명 공학의 기초 입문과목으로서, 생명 공학의 전반적인 기술 경향과 미래 발전 방향, 응용되는 기술 및 생물 윤리 및 향후 발전 방향들까지 모색한다.
📖 차시보기 | 📂 강의담기

유전학 🔲 AI

영남대학교 | 윤시욱 | 2014년 2학기

유전학은 멘델법칙의 재발견 이후, 눈부신 발전을 거듭하여 왔으며 오늘날의 유전학은 생명과학의 중심분야가 되었으며 생명의 본질 해명에 근본을 제시하여 주고, 각종 질병등의 문제 해결에 열쇠가 되는 분야가 되었다. 본 강좌는 ...

🔲 차시보기   ⬆ 강의담기

줄기세포 공학 Ⅱ ▶

단국대학교 | Dr.Ivan B. Wall | 2013년 1학기

재생의학 분야에 있어 가장 주목을 받고 있는 것이 배아줄기세포 즉 Embryonic Stem cell이다. 이것은 '만능세포'라고도 하며, 혈액이나 신경, 근육, 뼈 등 모든 세포, 조직, 기관으로 분화가 가능한 능력을 지녀...

🔲 차시보기   ⬆ 강의담기

줄기 세포 공학 Ⅰ ▶

단국대학교 | Dr.Ivan B. Wall | 2011년 1학기

재생의학에서의 줄기 세포의 응용을 중심으로 수업이 진행 됨.

🔲 차시보기   ⬆ 강의담기

현대생명공학 ▶

건국대학교 | 김찬길 | 2016년 2학기

생명공학: 오래된 것과 새로운 것 - 생명공학이란 무엇인가? - 고대의 생명공학 - 재래 생명공학 - 현대생명공학 - 세포설 - 유전자의 본질 - 분자생물학 - 재조합 DNA 실험 - 생명공학 혁명유전암호의 파장 - 원핵생물...

🔲 차시보기   ⬆ 강의담기

StemCells Engineering ▶

단국대학교 | Dr. Ivan

🔲 차시보기   ⬆ 강의담기

💬 유전공학 및 줄기세포공학과 K-MOOC 추천동영상

생명과학의 세계

서울대, 한국과학기술원, 포항공대
2018/08/27 ~ 2018/12/09

DNA로 살펴 본 생물의 진화

김상욱 | 포항공과대학교
2018/03/05 ~ 2018/06/11

DNA로 살펴 본 생물의 진화

김상욱 | 포항공과대학교
2019/10/14 ~ 2020/01/31

농생명학계열 추천도서와 동영상

💬 식품·동물생명공학(자원학) 추천도서

도서명	지은이	출판사
동물영양학	하종규 외	어니스트북스
이해하기 쉬운 영양학	구재욱	파워북
혼밥족을 위한 건강 밥상	이진호	책이있는풍경
인간이 만든 위대한 속임수 식품첨가물	아베쓰카사 외	국일미디어
알기 쉬운 식품 첨가물	신동화 외	보건에듀
건강 기능성 식품이야기	정원태	신일북스
당신이 몰랐던 식품의 비밀 33가지	최낙언	경향미디어
비타민 쇼크	한스 올리히 그림 외	21세기북스
최재선의 인간과 동물	최재천	궁리
애완동물 사육	안제국	부민문화사
왕의 병을 고친 수라간 건강 음식	양향자 외	아카데미북
하버드 의대가 당신의 식탁을 책임진다	월터 C. 윌렛 외	동아일보사

💬 부산생명의학 추천도서

도서명	지은이	출판사
평역 난호 어명고	서유구 외	블루앤노트
재밌어서 밤새 읽는 화학 이야기	사마키 다케오 외	더숲
고마운 미생물, 얄미운 미생물	천종식	솔
보이지 않는 지구의 주인 미생물	오태광	양문
대한민국 수산 업법	조세형	부크크(Bookk)
내 몸 안의 주치의 면역	하가와라 기요후미 외	전나무숲
환경호르몬으로부터 가족을 지키는 50가지 방법	미야니시 나오코 외	삼신각
개복치의 비밀	사와이 애쓰로 외	이김

바다에서 찾은 희망의 밥상	김혜경 외	지성사
물고기는 알고 있다.	조너선 벨컴 외	에이도스
인간이 만든 위대한 속임수 식품첨가물	아베 쓰카사 외	국일미디어
만화로 쉽게 재우는 생화학	타케무라 마사하루 외	성안당

💬 생명공학 추천동영상

한국생명공학연구원 http://www.kribb.re.kr

한국미생물·생명공학회 http://www.kormb.or.kr

기초과학연구원 http://www.ibs.re.kr

국가생명연구자원정보센터 http://www.kobic.re.kr

나의 성공비결－바다에서 미래를 찾는다, 해양 생명공학자 차형준

http://www.youtube.com/watch?v=Q_AbnbwD3Zg

미래직업 첨단기술직업_생명공학자

http://www.youtube.com/watch?v= 7sTAQzewc_4

국가생명연구자원정보센터 http://www.kobic.re.kr

생물학연구정보센터 http://www.ibric.org

한국생명정보학회 http://www.ksbi.or.kr

생물정보학자 인터뷰 한국생명공학연구원 김남신 / 커리어넷

http://www.career.go.kr/cnet/front/web/movie/catMapp/catMappView.do?ARCL_SER

💬 농생명학과 K-MOOC 추천동영상

우주와 생명

김희준 │ 서울대학교
2019/03/04 ~ 2019/06/16

반려동물과 행복나눔

│ 건국대학교
2019/03/04 ~ 2019/06/14

우주와 생명

김희준 │ 서울대학교
2019/09/02 ~ 2019/12/15

**생명의 과학 - 생명, 그 신비에
의 도전**

이우성 │ 성균관대학교
2019/03/04 ~ 2019/06/10

**생명의 과학 - 생명, 그 신비에
의 도전**

│ 성균관대학교
2018/09/03 ~ 2018/12/14

**생명의 과학 - 생명, 그 신비에
의 도전**

이우성 │ 성균관대학교
2019/09/02 ~ 2019/12/08

💬 농생명학과 TED 추천동영상

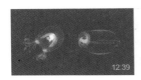

Alejandro Sánchez Alvarado
**오랜 문제들을 해결하려면
새로운 종을 탐구해야 합니
다**

Posted Jan 2017

Roger Hanlon
**문어와 두족류의 놀라운 뇌
와 변형 가능한 피부**

Posted May 2019

Freeman Dyson
**프리먼 다이슨의 제안: 태양
계 외행성에서 생명체를 탐
사합시다**

Posted Jul 2008

Louise Fresco
루이스 프레스코: 어떻게 전 세계 사람들을 먹여살릴 것 인가?
Posted May 2009

Sugata Mitra
수가타 미트라: 스스로를 교 육하는 법에 대한 새로운 실 험
Posted Sep 2010

Ray Kurzweil
레이 커츠웨일 - 기술이 어 떻게 우리를 변화시킬 것인 가
Posted Nov 2006

수산생명의학계열 추천도서와 동영상

💬 추천도서

도서명	지은이	출판사
평역 난호어명고	서유구 외	블루앤노트
재밌어서 밤새 읽는 화학이야기	사마키 다케오 외	더 숲
고마운 미생물, 얄미운 미생물	천종식	솔
보이지 않는 지구의 주인 미생물	오태광	양문
[POD] 대한민국 수산업법	조세형	부크크
내 몸안의 주치의 면역	하가와라 기요후미 외	전나무 숲
환경호르몬으로부터 가족을 지키는 50가지 방법	미야니시 나오코 외	삼신각
개복치의 비밀	사와이 애쓰로 외	이김
바다에서 찾은 희망의 밥상	김혜경 외	지성사
물고기는 알고 있다.	조너선 벨컴 외	에어도스
인간이 만든 위대한 속임수	아베쓰카사 외	국일미디어
만화로 배우는 생화학	타케무라 마사하루 외	성안당

💬 KOCW 추천동영상

침입하는 병원체에 대한 어류의 방어 기전 ▶

경상대학교 | 정태성

본 심포지엄에서는 어류에서 최신 질병동향과 숙주의 반응을 알아 볼 수 있도록 하였다.

🔲 차시보기 | 📑 강의담기

알기 쉬운 해양생명과학(하기 계절)

최광식 | 제주대학교

2019/06/24 ~ 2019/07/13

알기 쉬운 해양생명과학(동기 계절)

| 제주대학교

2019/12/23 ~ 2020/01/15

부 록

부록1.
계열별 참고 사이트

의학계열 참고 사이트

참고 사이트	주소
한국의학교육학회	www.ksmed.or.kr
대한마취통증의학회	www.anesthesia.or.kr
대한핵의학기술학회	http : //www.ksnmt.or.kr/
대한이비인후과학회	www.korl.or.kr
대한중환자의학회	www.ksccm.org
대한영상의학회	www.radiology.or.kr
대한비뇨의학회	http : //www.urology.or.kr/
대한비뇨생식기영상의학회	https : //www.ksur.kr/
대한신경정신의학회	http : //www.knpa.or.kr/
대한한의학방제학회	http : //www.ompak.okdanche.com/

수의학계열 참고 사이트

참고 사이트	주소
대한수의학회	http : //www.ksvs.or.kr/
한국예방수의학회	http : //www.jpvm.or.kr/
한국임상수의학회	http : //www.ksvc.or.kr/

한국동물재활학회	http : //www.ksvr.co.kr/
세계수의공간분석학회	https : //geovet2019.ucdavis.edu/index.html
한국고양이수의사회	ksfm.co.kr
한방수의학회	
세계한방수의학회	

간호학계열 참고 사이트

참고 사이트	주소
한국간호과학회	www.kan.or.kr
한국성인간호학회	www.ana.or.kr
한국노인간호학회	www.gnursing.or.kr
한국정신간호학회	www.mhnursing.or.kr
한국아동간호학회	www.childnursing.or.kr
한국여성건강간호학회	www.women−health−nursing.or.kr
한국가정간호학회	www.kahhn.or.kr
한국보건간호학회	www.ksphn.or.kr
한국중환자간호학회	https : //ksccn.jams.or.kr
한국기초간호학회	www.bionursing.or.kr
한국재활간호학회	kasren.or.kr
한국간호교육학회	www.kasne.or.kr

보건계열 참고 사이트

참고 사이트	주소
한국산업보건학회	www.kiha.kr

한경독성보건학회	www.koseht.org
대한정형도수물리치료학회	www.kaomt.or.kr
대학심장호흡물리치료학회	www.kacrpt.org
대한물리치료학회	www.kpt.or.kr
대한정형외과 스포츠의학회	www.kossm.or.kr
대한병원행정관리자협회	www.kcha.or.kr
한국보건행정학회	www.kshpa.org
한국병원경영학회	ksha.net

제약·생명계열 참고 사이트

참고 사이트	주소
한국약제학회	www.kspst.or.kr
세계제약학회	https : //www.ifpma.org
한국제약의학회	www.kspm.org
한국의생명과학회	www.biomedsci.or.kr
한국식품과학회	www.kosfost.or.kr
한국국제생명과학회	https : //ilsikorea.org
한국생물공학회	www.ksbb.or.kr
한국미생물생명공학회	https : //www.kormb.or.kr
한국글로벌의약산업협회	https : //www.krpia.or.kr
한국제약바이오협회	www.kpbma.or.kr
세계제약산업전시회	www.cphikorea.co.kr

농생명·수산계열 참고 사이트

참고 사이트	주소
한국식물생명공학회	www.kspbt.or.kr
한국동물생명공학회	www.ksar.or.kr
한국유기농학회	www.yougi.or.kr
한국국제농업개발학회	www.eksia.com
한국농약과학회	www.kjps.or.kr
한국해양생명과학회	www.mfls.or.kr
국립수산과학원	m.nifs.go.kr
한국수산해양기술학회	www.fishtech.or.kr
한국수산과학회	www.kosfas.or.kr

부록2.
지역별 체험 가능한 곳

추천 체험활동 리스트

체험활동	내용
심폐소생술 교육	심폐소생술 교육을 통해 위급 상황 시 한 생명을 구할 수 있는 법을 배우면서 심폐소생술 기기와 웨어러블 디바이스를 통해 보다 빠르게 심장의 이상 여부를 확인할 수 있는 방법을 탐구하여 기록할 수 있음. 또한 애니 기기의 특징을 분석하고 보완 발전시킬 부분을 기계적으로 조사하여 보고서를 작성할 수 있음.
직업체험의 날	의학 관련 직업인으로부터 여러 가지 사례를 통해 의학의 미래를 듣고 자신의 전공에서는 어떻게 연계시킬 수 있는지 고민한 후를 이를 알아보기 위한 자료를 탐구하여 기록할 수 있음.
전문가 인터뷰	원하는 학과 교수나 직업 전문가와의 인터뷰를 통해 최근 연구되고 있는 것을 배우고 이를 이해하기 위한 노력과정을 기록할 수 있음
병원 인턴십	병원에서 사용되는 다양한 기기들의 작동원리를 이해하고 궁금한 내용을 조사하고 더 발전시킬 수 있는 내용을 조사하여 기록할 수 있음.
월드비전	저개발국가 지역의 아이들을 위한 적정기술을 조사하여 인문학적 소양을 가진 공학자로서 모습을 보여줄 수 있으며, 적정기술을 이해함으로써 고난도 기술을 이해하는 데 도움을 얻을 수 있음.
과학축전	과학 프로그램과 4차 산업혁명 관련 체험을 해보면서 궁금한 주제에 대한 원리를 이해하고 이를 보고서로 작성할 수 있음. 추가적으로 궁금한 내용은 동아리활동에서 이를 실험 및 과제연구 주제를 정하여 깊이 있는 탐구활동을 진행할 수 있음.
비전캠프	진로설정에 대한 특강을 듣고 자신이 생각하는 진로와 그 로드맵에 대해 생각할 수 있는 기회가 됨. 전공적합성을 심화할 수 있는 프로그램을 구체적으로 계획하고 관련된 활동을 할 수 있도록 로드맵을 작성하는 시간으로 할애함.
멘토링	집안이 어려운 아이들뿐만 아니라 수학, 과학을 어려워하는 친구들의 공부를 도와주면서 자신이 부족한 부분이 무엇인지, 이들에게 더 쉽게 설명하기 위해 원리를 명확히 알아야 함을 깨닫는 소중한 시간이 될 것임.

대학교 전공 체험	희망학과에서 실제로 배우는 과목과 실험을 대학생들과 함께 하면서 미래 진로를 탐색하는 활동을 할 수 있으며, 전문적인 지식을 교수님께 물어보면서 이를 이해하고 관련된 책과 논문을 추천받아 전공의 이해도를 높이는 기회로 활용함.
전람회 활동	3D프린터와 VR을 이용하여 모의 수술연습을 할 수 있기에 이의 원리를 이해하고 의학자로서 기본 소양과 창의적 탐구 능력을 배울 수 있음.
대학연계과제 R&E	수업시간과 동아리활동에서 배운 지식과 탐구활동에서 궁금한 점을 더 깊이 탐구하는 시간으로 친구들 또는 대학생들과 함께 연구함. 대학에 입학하여 배우게 될 연구방법을 익히고 자료정리를 통해 전공에 대한 깊은 탐구활동을 키우는 의미 있는 시간으로 활용할 수 있음. 학교 과제연구 시간을 활용하여 진행할 경우 친구들과 진로와 관련된 조를 편성하여 6개월 이상의 탐구시간을 활용하여 실패를 극복하는 방법과 깊이 있는 탐구활동을 진행할 수 있음.
어플 제작	우리 학교에 있는 동아리, 식단, 과목 등의 정보를 알려주는 어플을 제작하면서 제작자와 사용자의 입장 차이를 알 수 있으며 이를 통해 기계 속에 들어간 프로그램을 이해하는 데 도움이 되며 자동화 프로그램을 연구하는 데 밑거름이 될 것임.

체험활동 참고 사이트

체험활동	내용	체험활동
전국과학전람회	자연현상이나 과학 원리에 대한 장기간의 실험실습을 통한 심도 있는 연구작품을 대상으로 하는 과학경진대회	www.science.go.kr
학생발명품 경진대회	과학발명 활동을 통하여 창의력을 계발하여 주고 과학에 대한 탐구심 함양과 어릴 때부터 자연을 슬기롭게 이용하는 기회제공	www.science.go.kr
과학동아리활동 발표대회	과학을 통해 습득한 이론을 자기주도적으로 연구, 탐구, 실험, 실습, 제작활동에 적용하는 체험의 장을 마련하여 이론과 실제 융복합 접목 실현(고등학교과학탐구대회, 한국과학창의력대회 포함)	www.kofses.or.kr
진로탐색 프로그램	청소년의 진로적성발견과 올바른 진로 로드맵을 제공하기 위해 여러 프로그램 진행(About 진로상담, 진로강점 진단, 상상비전스케치, 상상리더십, 상상시네마, 전공체험데이)	3388.gd.go.kr

직업체험 프로그램	쉽게 체험할 수 없는 관공서 및 기업에 방문하여 직업인과의 만남을 통해 꿈을 이루기 위한 진로학습 지원(토요직업체험, 상상직업견학, 진로별자리, 상상직업체험, 청소년 진로직업체험의 기적)	3388.gd.go.kr
진로직업멘토링 프로그램	롤 모델의 성공스토리 강연을 통해 진로동기성과 진로 탐색 능력을 이끌어주는 프로그램 운영(드리머스 콘서트, 롤모델 특강쇼, 직업체험스쿨, 상상팡팡 학생기자단, 상상팡팡 합창단)	3388.gd.go.kr
크레존	체험시설, 전시/공연, 문화재/역사, 자연, 관공서, 안전/의료, 복지시설, 연구시설 소개	www.crezone.net
한국잡월드	직업에 대해 이해하고 자신의 미래와 진로에 대해 생각할 수 있는 기회를 제공, 올바른 진로발달에 도움을 줌	www. koreajobworld.or.kr

학과별 봉사활동 예시

학과명	봉사활동	학과명	봉사활동
의학과	요양병원 봉사활동, 심폐소생술 교육, 초중등 학생 실험동아리 지원, 학습도우미, 지역과학과 봉사활동	간호학과	요양병원 봉사활동, 심폐소생술 교육, 안전신고 포상제 활동, 초중등 학생 실험동아리 지원, 학습도우미, 지역과학과 봉사활동
수의학과	유기견보호센터, 야생동물보호센터, 지역아동센터 과학 봉사활동, 학습도우미, 지역과학관 봉사활동	보건학부	요양병원 봉사활동, 심폐소생술 교육, 병원행정 도우미봉사, 초중등 학생 실험동아리 지원, 학습도우미, 지역과학과 봉사활동
제약공학과	요양병원 봉사활동, 지역아동센터 과학 봉사활동, 학습도우미, 지역과학관, 환경정화 봉사활동	농생명학과	요양병원 봉사활동, 지역아동센터 과학 봉사활동, 학습도우미, 지역과학관, 환경정화 봉사활동

교육기부 진로체험 인증기관(꿈길 : 진로체험지원센터)

연번	시도	기관명	유형	프로그램 분야
1	서울	(사)청소년드림토피아	민간	대학생 멘토와 함께 하는 학과체험 캠프
2	서울	LG CNS	기업	Coding Genius 교육
3	서울	SK텔레콤 수도권Infra본부	기업	네트워크 시설장비 운영 엔지니어 업무 및 ICT 체험
4	서울	산타마리아 (한국융합과학교육원)	개인	코딩, 드론 조종 및 촬영, 가상현실 체험, 3D 모델링, 과학수사를 위한 DNA추출 체험 등
5	경기	고양신한류홍보관	공공	콘텐츠 제작 과정 직군(감독, 작가, 의상소품팀, 특수효과 전문가) 및 영상콘텐츠 제작 과정 체험
6	경기	창업진흥원 판교창업존	공공	비즈쿨 창의체험 프로그램 : 판교창업존 소개 및 견학, 기업가정신 특강, 3D프린팅 체험
7	경기	서울대학교관악수목원	학교	산림과학 분야 연구원 체험
8	경기	(주)신원도예교육센터	기업	4차 산업혁명 이후 생겨날 신직업 탐색
9	경기	사단법인 참다솜교육	민간	코딩 로봇 함께하는 4차산업 직업체험(iot 관련), 사회적 기업가 체험 프로그램
10	경기	(주)에이치에스교육그룹	기업	이러닝콘텐츠 제작체험
11	경기	나를 찾는 정원, R401 Discovery Park	기업	게임개발자 되어보기
12	경기	수원진로직업큐레이터 꿈마니협동조합	기업	신청 학교에서 요청하는 직업군 관련 탐색 및 체험
13	경기	현대자동차(주) 현대 모터스튜디오 고양	기업	자동차의 탄생 과정과 관련 직업의 세계 탐색
14	경기	오산종합정비센터	개인	자동차 정비사 체험
15	경기	평택 곤충과 사람들	개인	미래 자원으로서의 곤충 이해, 곤충표본 제작
16	인천	국립생물자원관	공공	생물 다양성 관련 연구 직종 이해 및 체험
17	인천	인천광역시부평구 시설관리공단	공공	전기 및 기계엔지니어, 사무행정직, 체육지도사, 퍼스널 트레이너 체험
18	인천	청운대학교 인천캠퍼스	학교	건축, 소방, 토목 환경, 융합소재, 소프트웨어 개발 등 관련 학과 체험

19	인천	(주)ANC승무원학원	학원	항공사 진로체험교실
20	인천	조은교육(한국드론교육협회)	개인	드론 조종 및 코딩을 통한 드론 제어 체험

충청권

연번	시도	기관명	유형	프로그램 분야
1	충북	한국식품안전관리인증원	공공기관	식품관리 안전 체험 및 HACCP 심사관 진로 탐색
2	충북	충북도립대학	대학/학교	의료기기, 식품, 융합디자인 관련 직군 체험
3	충북	청소년드림플러스	개인사업장	곤충학자, 지진학자 등 다양한 직군 이해 및 탐색
4	충북	충주조정체험아카데미	개인사업장	조정 관련 체험, 스포츠 직군 이해
5	충남	서천군청소년상담복지센터	민간단체	다양한 직업군 체험, 청소년상담사 직업체험
6	대전	대전대학교	대학/학교	오픈소스 하드웨어 활용과 적정기술을 이용한 '아쿠아포닉스 기술체험'으로 미래농업 탐색
7	대전	배재대학교	대학/학교	계열별 학과 탐색을 통한 진로 설계
8	대전	모두행복사회적협동조합	민간단체	드론, 로봇 등에 활용할 수 있는 코딩 체험
9	대전	가온누리로봇앤SW코딩학원	학원	로봇&SW코딩 직접 경험을 통한 진로 체험
10	세종	세종소방서	지자체	소방공무원 직업 체험

호남·제주권

연번	시도	기관명	유형	프로그램 분야
1	전북	책마을해리 (꽃피는영농조합법인)	기업	건축 설계, 영상 제작, 동학 관련 기사 작성, 스톱모션을 활용한 영상만화 제작
2	전북	유한회사 한양수학연구소	기업	3D 프린터와 펜을 활용한 아이디어 제품 제작
3	전남	신재생에너지 홍보관	공공기관	신재생 에너지 이해 및 관련 직군 탐색
4	전남	한국전력거래소	공공기관	전력산업 분야 관련 직군의 이해 및 체험
5	전남	디오건축사사무소	개인사업장	설계도면 제작 등을 통한 건축설계사 체험

6	광주	(주)인스퀘어	기업	VR 콘텐츠 현장체험
7	광주	HOI	기업	3d 프린팅 교육
8	광주	주식회사 팔칠구삼	기업	IoT SW 교육
9	제주	제주산림항공관리소	공공기관	조종사, 정비사, 삼림공무원 직업 체험
10	제주	(주)로봇스퀘어	기업	3d 프린터 활용, 로봇 코딩교육

강원·대구·경북권

연번	시도	기관명	유형	프로그램 분야
1	강원	KOICA 월드프렌즈 영월교육원 전시체험관	공공기관	도슨트와 함께 개발도상국 현황 및 글로벌 이슈를 이해하고 자신의 진로와 연계하여 탐색
2	강원	큰나무사회적협동조합	민간단체	천문학자, 지진학자, 보석세공사 등 직군 관련 체험
3	강원	드림아트-원주	개인사업장	강사(교수), 공예전문가, 바리스타 등 직업 체험
4	대구	대구강서소방서	지자체	소방관 직업 소개 및 소방 체험
5	대구	(주)드림아카데미	기업	행동유형 분석 후 비전보드 작성 등 진로탐색
6	경북	포항공과대학교 나노융합기술원	대학/학교	3D프린팅 진로체험 특화교육
7	경북	(주)한국청소년교육개발원	기업	4차산업혁명시대와 미래직업(로봇, 드론, 빅데이터, 클라우드 등)알기
8	경북	포스코 (포항창조경제혁신센터)	기업	레고EV3를 활용한 로봇제작 및 제어프로그램 코딩

부산·울산·경남권

연번	시도	기관명	유형	프로그램 분야
1	부산	부산교통공사 경전철운영사업소 운영부	공공기관	관제실 견학, 모의 운전, 기관사와의 대화를 통한 철도 관련 진로 탐색
2	부산	부산과학기술협의회	민간단체	코딩 개발 프로그램 실행 및 피지컬 컴퓨터 체험

3	부산	부산시민공원 홍찬일금속공방	개인사업장	전통공예 예술가, 문화재 복원가, 3D 펜을 활용한 4차산업 전문가, 쥬얼리 제작 체험
4	부산	부산평생교육원 (일자리창출협동조합)	학원	드론 조종 및 활용법, 사물인터넷 제작, 3D 프린터 모델링 및 출력 체험
5	울산	해동전기학원	학원	전기제어 조작 실습을 통한 전기기능사 체험
6	경남	김해시상하수도사업소 (명동정수장)	공공기관	정수장 관람 및 수질관련 전문가 진로탐색
7	경남	김해산업진흥의 생명융합재단	공공기관	의료기기장비 실습 및 관련 직업 체험
8	경남	진주소방서	지자체	소방관 직업세계 및 소방 안전 체험
9	경남	하동소방서	지자체	소방관 현장활동 및 소방 공무원 업무 체험
10	경남	김해대학교	대학/학교	학과체험을 통한 전공학습 진로체험
11	경남	이음교육연구소리더십 코칭센터	개인사업장	개인별 진로검사를 통한 직업군 탐색 및 체험
12	경남	로보티즈 (양산 덕계점)	학원	로봇, 코딩(S4A), 3D프린트 관련 체험